W0337377

Der 15 Minuten Autor

In 8 Schritten zu einer Schreibgewohnheit, die in jede Lebenssituation passt

Diana Wink

Copyright © 2022 Diana Wink, Starke Schreiber

Autorin: Diana Wink

Cover Gestaltung: David Rodrigues

Erschienen im Selbstverlag:

Diana Wink, Salzachstrasse 21, 47269 Duisburg

Dieses Werk, einschließlich seiner Teile, ist urheberrechtlich geschützt. Jede Verwertung außerhalb der engen Grenzen des Urheberrechtsgesetzes ist ohne Zustimmung des Autors unzulässig und strafbar. Dies gilt insbesondere für die elektronische oder sonstige Vervielfältigung, Übersetzung in andere Sprachen, Mikroverfilmungen, Verbreitung oder öffentliche Zugänglichmachung.

"Beim Schreiben geht es nicht darum, Geld zu verdienen, berühmt zu werden, Dates zu bekommen, Sex zu haben oder Freunde zu finden. Letztendlich geht es darum, das Leben derjenigen zu bereichern, die deine Arbeit lesen, und auch dein eigenes Leben zu bereichern."

– Stephen King –

Inhalt

8 Schritte zu den produktivsten 15 Minuten deines Lebens

> "Erfolg ist das Produkt täglicher Gewohnheiten – nicht einmaliger Veränderungen."
>
> *James Clear, Die 1%-Methode*

Alle erfolgreichen Autoren haben nur Eins gemeinsam.

Sie haben unterschiedliche Routinen, Prozesse, Schreibstile, Vorlieben und Marketing-Strategien.

Es gibt nur diese eine Sache, die sie alle verbindet.

Sie schreiben.

Regelmäßig.

Das bedeutet, das Wichtigste, was du als Autor machen kannst, bevor du über Buchmarketing, Schreibstile oder Storytelling-Techniken auch nur nachdenkst, ist schreiben.

Und zwar regelmäßig.

Aber genau das ist das Problem, oder?

Auf meiner Webseite frage ich Autoren, womit sie gerade am meisten kämpfen. Die häufigste Antwort? Du hast es erraten: Zeit.

Zeit finden. Fehlende Zeit. Sich Zeit dafür nehmen.

Der Tag ist bis zum Rand vollgestopft mit Dingen, die du erledigen musst. Dass du da mehrere Stunden zum Schreiben findest, ist undenkbar. Und selbst wenn – dann noch die Energie zu haben sich in dieses Projekt zu versetzen, die Zweifel zu überwinden, dem inneren Widerstand zu begegnen... morgen. Am Wochenende. Wenn ich Urlaub habe. Wenn ich in Rente gehe.

Ich verstehe dich. In der heutigen Gesellschaft, in der das Tempo des Lebens rasant ansteigt und die Anforderungen an den normalen Alltag einfach nur verrückt sind – Papierkram ohne Ende, pendeln, im Stau stehen, das Auto zur HU bringen, Termine beim Notar und Schlangen im Supermarkt, dann auch noch die verführerische Stimme von Netflix und co, die abends auf der Couch deinen Namen ruft, oder einfach die (as)sozialen Medien, die dein Gehirn wie eine Vegas Slot Maschine locken...

Es war zwar noch nie so einfach, wie heute, dein eigenes Buch zu publizieren, aber auch noch nie so schwer, Zeit zum Schreiben zu finden.

In diesem Buch will ich dir eine radikale Lösung vorschlagen: **15 Minuten**.

Jeder hat 15 Minuten Zeit am Tag, oder kann sie sich zumindest nehmen. Diese 15 Minuten täglich werden dich jedoch zu einem Autor machen, der ein Buch nach dem anderen fertig schreibt.

Glaubst du mir nicht? Verengst du skeptisch die Augen, weil 15 Minuten doch niemals genug sind, um einen Roman zu schreiben?

Aber so funktioniert alles im Leben.

Wenn ein Flugzeug von Punkt A nach Punkt B fliegt und seine Flugbahn nur geringfügig ändert, landet es Tausende von Kilometern von seinem Zielort entfernt.

Kleine Dinge haben eine große Macht. Wenn sie sich summieren, dann können sie die Laufbahn deines Lebens dramatisch verändern. In diesem Buch biete ich dir an, deine Flugbahn nur ein wenig zu ändern – nur um 15 Minuten täglich.

Hollywood hat uns die Lüge der „großen Ereignisse“ verkauft. Der erste Kuss. Die Hochzeit. Der beste Vertrag deines Lebens. Der Gewinn des Nobel-Preises. Aber: Was passiert davor, danach, dazwischen? Da leben wir einfach nur das tägliche Leben. Diesen langweiligen, sich wiederholenden Alltag will natürlich keiner auf der Leinwand sehen. Die Erwartung der „großen Momente“ prägt allerdings unbewusst unsere Kultur und unsere Erwartungen an das Leben.

Tägliche Aktivitäten sind unbedeutend. Wovon wir stattdessen träumen ist dieser magische, transformierende Moment. Die Nacht, an dem das Buch wie durch Zauberhand vom Himmel gefallen kommt und du tippst, bis die Finger bluten. Natürlich ist es sofort ein Bestseller.

So funktioniert das Leben nicht, sorry.

Wenn du weiterhin auf diesen Moment wartest, wirst du einst mit Bedauern auf deine verschwendeten Jahre zurückblicken.

Entscheidend sind eben diesen kleinen Dinge, die du Tag für Tag wiederholst, ob bewusst oder unbewusst. Wenn du deine Tage in vollen Zügen genießen willst, musst du also lernen, wie du deinen Alltag effektiv, kreativ und nachhaltig gestalten kannst – und dazu gehört auch, wie du täglich schreibst.

Zurück zu den 15 Minuten.

Machen wir mal ein wenig Mathe (nur ganz wenig, versprochen):

15 Minuten am Tag = 650 Worte
650 Worte x 30 Tage = 19.500 Worte pro Monat
Demnach hast du einen 70.000 Worte Roman
in nur 3,5 Monaten geschrieben!

Bedenke nur: all die Monate und Jahre, die du dich mit deinem Buch gequält hast… in nur 15 Minuten am Tag hättest du den ersten Entwurf schon lange fertig.

Moment!, magst du sagen, *aber ich schreibe nicht 650 Worte in nur 15 Minuten.*

Wenn es so einfach wäre, wie es die obere Formel verspricht, dann könnten wir jetzt aufhören. Aber Mathe und das wahre Leben passen nicht immer zusammen.

In diesem Buch verrate ich dir in 8 Schritten, wie du das trotzdem schaffen kannst, indem du den inneren Widerstand umgehst, dich sofort in deine Routine versetzt und effektiv und schnell schreibst, um die 15 Minuten möglichst auszunutzen.

Und es muss nicht bei 15 Minuten bleiben. Wenn du ein mal auf den Geschmack gekommen bist und aus der Routine eine Gewohnheit geworden ist, dann werden es 30, 40, 60 Minuten täglich.

Stell dir nur vor, was du daraus machen kannst!

Im nächsten Kapitel zeige ich dir die wissenschaftlichen Prinzipien hinter der Entstehung einer Gewohnheit und wir wenden sie gemeinsam aufs Schreiben an. Wir entwerfen einen Plan für deine individuelle Schreibgewohnheit.

Ich verrate dir außerdem Hacks, um gegen jede Schreibblockade anzukommen, deine Routine kreativ aufzupeppen und Inspiration und Motivation im Alltag zu finden.

Bist du bereit, die Laufbahn deines Lebens um nur 15 Minuten täglich zu verändern, um schlussendlich dort anzukommen, wo du schon immer hinwolltest?

Zu einem Leben als erfolgreicher Schriftsteller mit einem Katalog von dutzenden von Büchern.

Lass uns loslegen.

Schritt #1

Verstehe die Wissenschaft hinter der 15-Minuten Schreibgewohnheit

Mozart schrieb an einen Freund:

> "Die Leute irren sich, wenn sie denken, dass mir meine Kunst leicht fällt. Ich versichere dir, lieber Freund, niemand hat der Komposition so viel Zeit und Gedanken gewidmet, wie ich."

Für meinen Podcast hatte ich das Privileg, die Self-Publishing-Sensation Hugh Howey zu interviewen, eine Erfolgsgeschichte mit seiner Wool-Buchreihe. Die Filmrechte sind an 20th Century Fox verkauft.

Hugh Howey lebt auf einem Boot und segelt um die Welt, während er schreibt. Klingt wie das absolute Traumleben, oder?

Dieses Leben jedoch hatte für Hugh seinen Preis. Denn seine Regel lautet: Arbeite härter als alle anderen.

Im Podcast sagte er:

> „Wenn es wirklich etwas bringen soll, reicht keine dreistündige Sitzung an einem Tag. Es geht darum, dass du jeden Tag drei Stunden schreiben kannst. Für mich bedeutete das, eine Stunde früher aufzustehen. Ich ging zur Arbeit und saß in einer noch geschlossenen und völlig dunklen Buchhandlung. Ich schrieb dort mit meinem Laptop und hatte anderthalb oder zwei Stunden Zeit, bevor die ersten Leute kamen. Dann schrieb ich eine Stunde in der Mittagspause und versuchte, 30 Minuten bis eine Stunde vor dem Schlafengehen zu Hause zu schreiben.
>
> Wenn du das jeden Tag machst, summieren sich die Stunden wirklich. Wenn du das nur an einem Tag machst und dann vier Tage frei nimmst, bekommst du diese Tage nie wieder zurück. Und ich glaube, Beständigkeit ist der Schlüssel dazu, nicht nur viel, sondern auch deine beste Arbeit zu machen."
>
> *Hugh Howey im Story Artist Podcast (frei übersetzt)*

Deine Lebenssituation ist einzigartig.

Aber wir alle haben viel um die Ohren. Niemand hat Zeit.

Wir haben mehr zu tun, als die Menschen je hatten. Ich habe noch nie jemanden getroffen, der gesagt hat: "Ich habe so viel Zeit, dass ich nicht weiß, was ich damit anfangen soll. "

Der Schlüssel zu deiner besten Arbeit liegt darin, deine tägliche Zeit sinnvoll zu nutzen. Zeit ist das Einzige, was wir alle gemeinsam haben. 24 Stunden. Für jeden von uns.

Dieser Schlüssel ist die tägliche Schreib-Gewohnheit.

Es müssen nicht die 3-4 Stunden sein, wie bei Hugh Howey. Wenn du zum Beispiel Kinder hast, ist das gar nicht möglich (da spreche ich aus eigener Erfahrung).

Aber selbst wenn du nur 15 Minuten täglich zu einer Gewohnheit machst, wirst du sehen, was für einen enormen Unterschied das macht.

Lass uns mit den falschen Vorstellungen über diese eine schicksalhafte Nacht aufräumen, in der der neurotische, aber ekstatische Autor (wahrscheinlich auf Drogen oder zumindest betrunken) den besten Roman aller Zeiten schreibt. Das ist weder eine gesunde Art zu leben noch eine realistische Darstellung des kreativen Prozesses.

Wenn du deine Tage damit verbringst, bleibst du gefangen in der Menge derer, die „eine gute Idee für einen Roman haben".

Ideen sind nichts wert. Jeder hat Ideen. Die Umsetzung macht den Unterschied.

Wenn du jeden Tag das Manuskript öffnest und die Arbeit tust, dann unterscheidet dich das von all denjenigen „die irgendwann mal ein Buch schreiben“.

Dafür brauchst du die tägliche Gewohnheit.

Sie wird deine Kreativität nicht erdrücken. Kreativität bedeutet nicht, dass man chaotisch und unorganisiert ist. Menschen, die ihre Unordnung damit entschuldigen, "ein Künstler" zu sein, haben eine Ausrede für ihre Faulheit gefunden.

Der Rahmen einer Gewohnheit lässt deine Kreativität aufblühen und die Beständigkeit einer täglichen Praxis bringt dich in den Zustand des „Flow“, bei dem die beste Arbeit entsteht. Im Gegensatz zu den Vorurteilen finden wir Kreativität in Langeweile, Wiederholung, Zeitdruck und Beständigkeit.

Wenn du (wie ich) insgeheim vom unvorhersehbaren, ekstatischen Leben eines Künstlers träumst, kann dich diese harte Realität abschrecken. Aber gib diesen Traum noch nicht auf. Das unvorhersehbare Spiel ist immer noch Teil des Schreibprozesses. Du wirst immer noch lachen, weinen und über die Ideen staunen, auf die du kommst.

Der Unterschied liegt in der Tatsache, dass diese Ideen ein Produkt von harter Arbeit sind und somit nicht dem Zufall überlassen.

Mozart kannte ein Geheimnis, mit dem niemand gerne wirbt: **Du musst jeden Tag üben, um ein außergewöhnlicher Künstler zu werden**.

Aber wie kannst du diese tägliche Gewohnheit aufbauen? Wie sollte sie aussehen? Und wie kannst du sie in deinen ohnehin schon vollen Tag integrieren?

Über all das werden wir in den nächsten Kapiteln sprechen.

Die Gewohnheit

Was ist eine Gewohnheit?

Und warum ist es so wichtig, sie zu etablieren?

Eine Gewohnheit ist eine Handlung, die so oft wiederholt wird, bis sie automatisch abläuft.

Automatisch ist hier das Stichwort.

Du fragst dich: Warum sollte ein Künstler etwas automatisieren wollen? Meisterwerke werden aus Spontanität und Chaos geboren, oder?

Aber denk an Mozart.

Eine Schreibgewohnheit setzt den Rahmen und gibt der Kreativität die Sicherheit, sich zu entfalten. Aber noch mehr als das: Eine Gewohnheit formt die Person, die du werden willst.

Das Leben verstreicht in Minuten, Stunden und Tagen. Jeden Morgen bekommen wir eine neue Chance. Aber wir fangen den Tag nicht bei Null an.

Unser Leben ist die Summe der Handlungen und Entscheidungen der vorangegangenen Jahre. Der neue Tag ist zwar eine Chance, etwas gut zu machen oder zu vermasseln, aber er ist immer noch ein Gemälde auf der Leinwand der vorherigen Jahre.

Wenn du einen Tag vermasselst, ist das im Hinblick auf das Gesamtbild nicht wichtig. Aber wenn du Tag für Tag verpfuschst, summieren sich die Auswirkungen. Du wirst nicht dick von einem Burger und dünn von einem Salat. Das Ergebnis liegt in der Summe.

Kleine tägliche Gewohnheiten machen das Gesamtbild deines Lebens aus. Diese Gewohnheiten bestimmen, wer du bist und welchen Verlauf dein Leben nehmen wird.

Erinnerst du dich an die Analogie mit der Flugbahn eines Flugzeugs? So ist es auch mit deinem Leben. Weiche für eine kurze Zeit ab und komme wieder auf den richtigen Kurs – nichts ist passiert. Wenn du für längere Zeit von der Flugbahn abweichst, wirst du ganz woanders landen. Je länger du abgewichen bist, desto länger dauert es, bis du wieder an deinem Ziel ankommst.

Es geht hier also nicht bloß um eine Gewohnheit, sondern um den Kern deiner Identität.

Wir alle bilden im Laufe unseres Lebens Gewohnheiten. Wir können nicht anders, denn so funktioniert unser Gehirn. Das Problem: Die meisten Gewohnheiten, die wir unbewusst bilden, sind nicht hilfreich oder sogar schädlich. Nägeln kauen. Prokrastinieren. Scrollen in den sozialen Medien.

Unser Gehirn lässt sich von den schnellen Dopaminen verzaubern, ohne zu bedenken, wohin uns die Gewohnheit auf lange Sicht bringt. Um die Kontrolle über dein Leben zurückzuerlangen, musst du deine Gewohnheiten in den Griff bekommen und positive Gewohnheiten in den Tagesablauf einbauen, die dich ans Ziel bringen.

Und das bedeutet, dass du dein Gehirn austricksen musst.

Die Gewohnheit des Schreibens ist neben den Klassikern Sport und gesunder Ernährung die Wichtigste – selbst für Menschen, die keine Karriere als Autor anstreben. Schreiben hat nachweislich positive psychologische Auswirkungen und wird sogar zu Therapiezwecken eingesetzt.

Warum aber eine Gewohnheit?

Du räumst den Entscheidungsprozess aus dem Weg und kannst dich auf die eigentliche kreative Arbeit konzentrieren – denn eine Gewohnheit geschieht *automatisch.*

Wir alle kämpfen mit dem inneren Zweifel oder der leisen Stimme, die uns zuflüstert: *Bleib doch noch ein paar Minuten im Bett.* Eine etablierte Gewohnheit nimmt dies aus der Gleichung heraus. Sie bringt dich schneller zum Ergebnis und hilft dir, mit weniger Kraftaufwand ins Schreiben einzusteigen.

Aber das hat seinen Preis.

Es kostet am Anfang immer Willenskraft und aktive Entscheidungskraft. In diesem Buch nutzen wir wissenschaftliche Hacks, um den Prozess reibungsloser zu gestalten.

Und wenn du in ein paar Monaten und Jahren auf dein Leben zurückblickst, auf Jahre, in denen du hunderte und tausende von Worten aufs Papier gebracht hast, wirst du dich wundern, was sogar fünfzehn Minuten am Tag bewirken können.

Es ist eine Frage der Gefühle

Wusstest du, dass deine Gewohnheit, die Zähne zu putzen, von dem bekannten Werbefachmann Claude C. Hopkins inszeniert wurde?

Vor etwa hundert Jahren putzte sich niemand die Zähne. Ich weiß, ekelhaft.

Als Hopkins von einer neuen Zahnpasta namens Pepsodent hörte, dachte er, dass er damit ein Vermögen machen könnte. Bevor Wissenschaftler jemals bewiesen haben, wie eine Gewohnheit entsteht, wusste Hopkins es intuitiv.

Zuerst hat er einen Trigger oder ein sogenanntes Auslösesignal inszeniert.

> "Jahrelang hatten die Menschen einen Film auf ihren Zähnen gespürt und sich nie Gedanken darüber gemacht, und man braucht auch keine Zahnpasta, um ihn loszuwerden", sagt Charles Duhigg in seinem Buch *Die Macht der Gewohnheit*. "Aber Hopkins machte die Leute darauf aufmerksam, indem er Plakate gestaltete,

> auf denen zu lesen war: "Werde diesen Film los. Pepsodent schenkt dir ein schönes Lächeln. "

Der Trigger, mit dem Hopkins seine Zahnpasta verkaufte, war der filmbehaftete Zahnbelag, der sich auf den Zähnen natürlich bildet. Aber das reichte nicht aus, um eine ganze Nation an das Zähneputzen zu gewöhnen. Es brauchte auch eine Belohnung.

Hier war es das kribbelnde, saubere Gefühl, das man nach dem Zähneputzen bekommt. Wenn die Verbraucher ihre Zähne nicht putzten, vermissten sie dieses Gefühl. Die wissenschaftliche Erkenntnis liegt in der automatischen Reaktion des Gehirns: Immer wenn es den Auslöser (Zahnpasta) sieht, sehnt es sich nach der Belohnung (das kribbelnde Gefühl).

Es ist nicht so, dass andere nicht schon vor Hopkins versucht hätten, Pepsodent zu verkaufen. Wir alle wissen, dass Zähneputzen wichtig ist, oder? Aber an die Vernunft zu appellieren ist in der Hirnforschung vergeblich.

Wir wissen, dass Bewegung und gesunde Ernährung uns gut tun. Wir wissen, dass wir nicht diese Netflix-Serie gucken, sondern dieses lehrreiche Buch lesen sollten. Aber warum entscheiden wir uns trotzdem für Ersteres?

Weil sich unser Gehirn nach der Belohnung sehnt, die es von einer unterhaltsamen Serie erhält, statt von einem langweiligen Lehrbuch. Nach der Belohnung, die wir empfinden, wenn wir einen leckeren Burger essen, anstatt einen Salat. Nach der Belohnung, die wir fühlen, wenn wir unseren Social Media Feed wie einen Spielautomaten in Vegas aktualisieren und darauf warten, dass etwas Gutes passiert.

Gibt es etwas, das wir tun können, um unsere Reaktion zu kontrollieren?

Ja. Aber nicht durch Willenskraft.

Jedes Mal, wenn das neue Jahr anbricht, denken wir, dass wir allein durch Willenskraft unsere Vorsätze einhalten können. Jeder, der das schon einmal versucht hat, kennt das Ergebnis.

Stattdessen müssen wir unser Gehirn austricksen.

Werfen wir dazu einen Blick auf die Gewohnheitsschleife, eine neurologische Reaktion, die Charles Duhigg in seinem Buch *Die Macht der Gewohnheit* definiert hat.

Die Gewohnheitsschleife

Laut Duhigg umfasst die Gewohnheitsschleife vier Schritte:

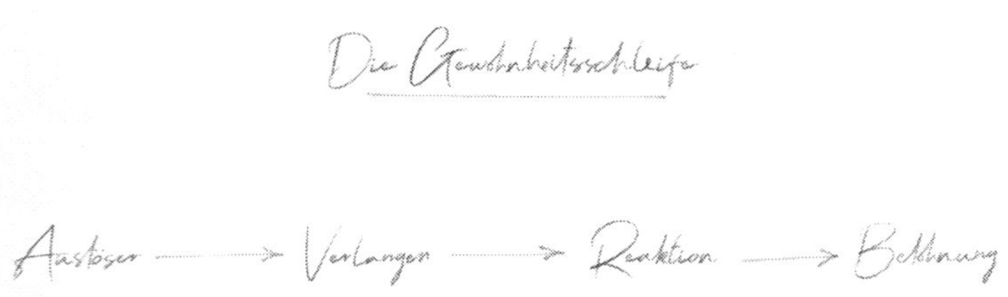

Das *Verlangen* und die *Reaktion* bilden zusammen die *Routine*.

Hier ein paar Beispiele:

Der Auslöser für eine sportliche Gewohnheit ist das Anziehen der Laufschuhe. Das Verlangen nach dem Endorphinrausch und dem Gefühl, etwas zu leisten, stellt sich ein. Die Reaktion ist das Training selbst und die Belohnung ist das Hochgefühl danach.

Oder der Trigger kann das Summen des Telefons sein, das Verlangen nach Ablenkung, das Öffnen der neuen Nachrichten die Antwort und die Belohnung das Gefühl von Verbindung, Ablenkung und Wichtigkeit.

In *Die 1%-Methode* definiert James Clear die Stufen ein wenig anders:

1. Die Gewohnheit muss **offensichtlich** sein
2. Die Gewohnheit muss **attraktiv** sein
3. Die Gewohnheit muss **einfach** sein
4. Die Gewohnheit muss **befriedigend** sein

Lass uns diese Stufen für eine Schreibgewohnheit konkretisieren.

1. Auslöser/Trigger: Die Gewohnheit muss offensichtlich sein

Der *Trigger* signalisiert dem Gehirn, dass deine kreative Gewohnheit gleich beginnt.

Wir werden im nächsten Kapitel näher auf alle Möglichkeiten in Bezug auf Auslösereize eingehen, denn diese sind enorm wichtig.

Der Trigger kann von Person zu Person unterschiedlich sein, aber es muss etwas Angenehmes suggerieren, etwas, das deine kreative Muse weckt. Lass dich von deiner Persönlichkeit und deinen Erfahrungen, etwa den glücklichsten Kindheitserinnerungen, inspirieren – von den Dingen, die dich beruhigen und dir ein Gefühl von Sicherheit und Staunen verleihen.

2. Verlangen: Die Gewohnheit muss attraktiv sein

Das *Verlangen* beschreibt den Wunsch, den inneren Zustand zu verändern.

Wir sehnen uns nicht nach dem Fernseher, sondern nach der Entspannung, die er bietet. Wir sehnen uns nicht nach der Zigarette, sondern nach der Erleichterung, die sie verschafft.

Deine Schreibgewohnheit sollte also attraktiv sein. Das Problem: Autoren kämpfen jedes Mal, wenn sie auf das leere Blatt starren, während die eigene Unsicherheit aus den Tiefen der Gedanken immer lauter wird. Das ist alles andere, als attraktiv.

Deshalb musst du im Vorhinein die Entscheidung treffen, dass du ein Autor *sein* willst. Niemand muss es dir erlauben. Niemand muss dir den Titel verleihen.

Dafür musst du nur eines tun – schreiben.

Dein Schreibprozess muss frei von Erwartungen sein. Arbeite hart daran, deinen inneren Kritiker in dieser Phase auszuschalten und erlaube dem inneren Kind stattdessen, zu spielen. Niemand schaut zu. Das ist dein persönlicher, individueller Raum.

Besonders am Anfang wird es mehr Widerstand als Verlangen geben, weil du weder den Rausch der fokussierten Arbeit noch ein fertiges Buch oder die dazu gehörige Befriedigung erlebt hast.

Am Anfang gibt es nur dich und die harte Arbeit des Schreibens. Aber es gibt kleine Hacks, die sie dennoch attraktiv machen können. Über die sprechen wir in den nächsten Kapiteln.

3. Antwort: Die Gewohnheit muss einfach sein

Das Schreiben selbst ist die *Antwort.*

Du musst diesen Prozess so einfach wie möglich gestalten – indem du einen Plan hast. Wenn du dich an den Schreibtisch setzt musst du die Frage beantworten: Was kommt als Nächstes?

Das erfordert Vorbereitung. Du musst dir Gedanken über die Routine machen, die am Schreibtisch passiert.

Auch wenn es unlogisch klingt: genau diese Routine wird dir dabei helfen, kreative Blockaden und Ängste zu überwinden.

Wie du einen Plan erstellst, um in kürzester Zeit das stärkste Ergebnis zu erzielen und deine besten Worte zu Papier zu bringen, darüber werden wir im Detail sprechen.

4. Belohnung: Die Gewohnheit muss befriedigend sein

Wissenschaftlich gesehen ist die *Belohnung* der Zweck jeder Gewohnheit und damit ein sehr wichtiger Teil der Gewohnheitsschleife.

Diese Belohnung motiviert uns in erster Linie und ist – Überraschung – alles, was eine positive Emotion hervorruft: Zufriedenheit, Erleichterung, Freude, Entspannung.

Dein Gehirn analysiert ständig die Umgebung nach Hinweisen darauf, wo Belohnungen zu finden sind. Wenn du es darauf trainierst, den Auslöser mit der Belohnung zu verknüpfen, wird es automatisch auf diesen mit der Routine reagieren – dem Verlangen und der Antwort.

Die Herausforderung besteht darin, eine Gewohnheit zu schaffen, die zu einem befriedigenden und positiven Gefühl führt. Wie? Dazu mehr in Kapitel fünf.

Das sind die vier Schritte des Schreibprozesses, die es dir ermöglichen werden, eine erfolgreiche Gewohnheit zu etablieren. Wenn einer dieser Schritte fehlt, kann die Gewohnheitsschleife nicht funktionieren.

Bevor wir uns an die praktische Umsetzung machen, ist es wichtig, dass du die wissenschaftliche Theorie dahinter verstehst. Die eigentliche Herausforderung einer Schreibgewohnheit besteht darin, dass sie anders angegangen werden muss, als zum Beispiel eine Gewohnheit für Sport.

Sie ist kreativ und muss einen Rahmen schaffen, in dem dein „innerer Künstler" die beste Arbeit produzieren kann. Deshalb musst du die Gewohnheit von Zeit zu Zeit erneuern. Es braucht Abwechslung, um die Kreativität aufrechtzuerhalten. In dem Moment, wo du merkst, dass du die Komfortzone betreten hast, musst du sie unbedingt wieder verlassen. Ein bisschen Bequemlichkeit ist gut, aber zu viel davon kann die Kreativität ersticken.

Wie du trotz der Automatismen lernen kannst, die Kreativität in dir zu aktivieren, ist ein wesentlicher Teil der Schreibgewohnheit.

In den nächsten Kapiteln geht es zunächst darum, die richtigen Schritte für *dich* zu finden – deine Persönlichkeit, deine Ziele und die jeweilige Phase deines Lebens. Sei flexibel in Bezug auf deine Gewohnheit und lese immer wieder in diesem Buch nach, um Ideen zu finden, wie du sie verbessern oder erneuern kannst.

Wir werden uns verschiedene Schriftsteller und Künstler anschauen, die interessante Gewohnheiten hatten und die Prinzipien hinter diesen Gewohnheiten auf dein Leben anwenden.

Bist du bereit, gemeinsam eine Gewohnheit zu entwickeln, die dein Glück, deine Lebensqualität und die Welt um dich herum mit deinen geschriebenen Worten enorm beeinflussen wird?

Schritt #2

Wie berühmte Autoren die Macht der Auslöser nutzen

Friedrich Schiller war ein deutscher Schriftsteller des 18. Jahrhunderts, ein Mann mit vielen Berufen – Dichter, Philosoph, Historiker, Dramatiker und Arzt – und einer sehr bizarren Gewohnheit.

Er ist bis heute eines der berühmtesten und angesehensten Mitglieder der deutschen Literaturelite. Seine Werke gehören zur Klassik und werden in den Schulen gelesen.

Schiller hatte eine, sagen wir,... ungewöhnliche Schreibgewohnheit.

Sie spricht Bände darüber, wie Gewohnheiten in unserem Gehirn funktionieren.

Er nutzte den Geruch von verwesenden Pfirsichen, um sich inspirieren zu lassen.

Stell dir das einfach mal vor: Er ließ ein paar Pfirsiche oder andere Früchte verrotten und nutzte diesen Geruch strategisch, um zum Schreiben inspiriert zu werden.

Warum hat dieser Irrsinn funktioniert?

Wenn du im vorherigen Kapitel aufgepasst hast, weißt du es. Verwesende Pfirsiche sind nicht magisch. Ihr Geruch trägt keine inspirierende Zauberkraft in sich. Er diente lediglich als Auslöser für Schillers Gehirn.

Ein Trigger ist eine kleine Sache mit enormer Wirkung. Er löst die Gewohnheitsschleife aus, gibt deinem Gehirn ein Signal und sorgt dafür, dass du die Gewohnheit durchziehst.

Aber ich möchte eine unerhörte Idee vorschlagen: **Wenn du den richtigen Trigger auswählst, kann er alle vier Schritte der Gewohnheitsschleife abdecken oder zumindest unterstützen**. Ein Trigger kann offensichtlich, attraktiv, einfach und befriedigend sein.

Ich rede nicht unbedingt von stinkenden Früchten. Aber wenn du eine ausgeklügelte Kombination von Auslösern findest, die zu deiner Persönlichkeit passen, knackst du den Jackpot.

Lass es mich erklären.

Der Trigger für meine Schreibgewohnheit ist so einfach wie er wirkungsvoll ist: meine Tasse Kaffee am Morgen. Revolutionär, nicht wahr?

Aber dieser Kaffee kombiniert drei verschiedene Anhaltspunkte: Zeit, Ort und eine andere Gewohnheit, bietet mir den

Vorteil eines Verlangens (ich liebe guten Kaffee) und unterstützt das Gefühl der Zufriedenheit (ich trinke ihn, während ich Worte zu Papier bringe).

Sehen wir uns jetzt vier verschiedene Arten von Auslösern an, die du entweder kombinieren oder einzeln verwenden kannst, um einen wirkungsvollen Einstieg in deine kreative Schreibgewohnheit zu schaffen.

Auslöser #1: Zeit

Stephen King hat viele Geheimnisse. Eines davon ist seine Routine.

> "Ich trinke ein Glas Wasser oder eine Tasse Tee. Es gibt eine bestimmte Zeit, zu der ich mich hinsetze, von 8:00 bis 8:30 Uhr, irgendwo innerhalb dieser halben Stunde, jeden Morgen." *(frei übersetzt)*

Ich liebe den Beginn seiner Schreibzeit. Im Zentrum: der frühe Morgen.

Jeden Morgen.

Er hat keine feste Zeit, nur etwa eine halbe Stunde, wenn er anfängt, zu schreiben. Das Schreiben am Morgen ist für Stephen King der Schlüssel, wie für unzählige andere Künstler.

Warum morgens?

Wissenschaftler haben bewiesen, dass unser Unterbewusstsein in den Morgenstunden aktiver ist. Sich von deinem Unterbewusstsein leiten zu lassen kann erstaunliche Auswirkungen auf deine Kreativität haben.

Du kommst auf neue Ideen, unvorhergesehene Wendungen und Lösungen für Probleme. Dein Unterbewusstsein kann frei arbeiten und sich entfalten. Es kann dir frische Ideen liefern. Und es macht deine Arbeit kreativer und origineller.

Morgens hast du mehr Energie.

Wenn du einen Vollzeitjob hast, ist es so gut wie unmöglich, zu schreiben, wenn du abends von der Arbeit nach Hause kommst. Du bist erschöpft vom Tag. Du willst ankommen und dich einfach nur entspannen.

Morgens hingegen bist du noch voller Energie, um künstlerisch zu arbeiten.

Ich liebe es, wie Stephen King sein Ritual mit einem Glas Wasser oder einer Tasse Tee beginnt. Das ist keine Nebensache. Es ist wichtig, dass du deinen Körper morgens mit Flüssigkeit versorgst.

Tu alles, was du zum Aufwachen brauchst: Wasch dein Gesicht, trink Wasser, putz dir die Zähne. Dann gehst du direkt in den Schreibmodus über.

Morgens schreibst du ungestört.

Schau dir Hemingways Schreibroutine an:

> "Wenn ich an einem Buch oder einer Geschichte arbeite, schreibe ich jeden Morgen so früh wie möglich nach dem ersten Licht. Es ist niemand da, der dich stört und es ist kühl oder kalt und du kommst zu deiner Arbeit und wärmst dich auf, während du schreibst." *(frei übersetzt)*

Es macht unheimlich viel Spaß und verschafft eine gewisse Ruhe, morgens zu schreiben, wenn die Welt noch schläft – wenn keine Telefonanrufe oder E-Mails um deine Aufmerksamkeit konkurrieren und versuchen, dich abzulenken.

Morgens ist es viel einfacher, sich zu konzentrieren. Keine Familienmitglieder, die den Raum stürmen. Keine schreienden und weinenden Kinder im Hintergrund.

Nur du und deine Geschichte.

Viele Kreative halten sich nicht für Morgenmenschen. Es ist wahr, dass Manche am Abend mehr Energie und Ausdauer haben. Wissenschaftler nennen das *Chronotyp*, der sich im Laufe des Lebens verändern kann.

Aber selbst wenn du dich für eine Eule hältst, ist es eine kreative Gewohnheit am Morgen mit all ihren Vorteilen immer noch wert, den Chronotyp zu überwinden.

Und ja, es ist möglich. Gib nicht auf, bevor du es nicht mindestens 1-2 Wochen lang ausprobiert hast.

Barbara Kingsolver, die für den Pulitzer-Preis nominiert wurde, hat über ein Dutzend Bücher geschrieben, von denen die letzten neun alle auf der Bestsellerliste der New York Times standen. In einem Interview 2012 sprach sie über ihren Alltag als Schriftstellerin und Mutter:

> "Ich neige dazu, sehr früh aufzuwachen. Zu früh. Vier Uhr ist Standard. Mein Morgen beginnt damit, dass ich versuche, nicht aufzustehen, bevor die Sonne aufgeht. " *(frei übersetzt)*

Autsch. Mir als Morgenmuffel tut es weh, diese Worte nur zu lesen.

Aber wir müssen ja nicht bis zum Äußersten gehen. Fangen wir damit an, 20 Minuten früher als sonst aufzuwachen; fünf Minuten zum Aufwachen, fünfzehn Minuten fürs Schreiben. Jeden Morgen.

Wenn du Lust hast, kannst du abends noch mehr schreiben, aber probiere dieses kleine Ritual erst einmal am Morgen aus. Beobachte, wie es sich auf dein Schreiben auswirkt, sowohl auf die Qualität als auch auf die Quantität.

Wenn du es nicht schaffst, früh morgens zu schreiben, weil es momentan einfach nicht in dein Leben passt – dein Job fängt zum Beispiel mitten in der Nacht an oder du musst sehr spät arbeiten – sollte das keine Ausrede sein, um ganz aufzugeben.

„Es gibt keine ideale Bedingung für Kreativität. Was für eine Person funktioniert, ist für eine andere nutzlos. Das einzige Kriterium ist dieses: Mach es dir leicht. [...] Alle bevorzugten Arbeitszustände, egal wie exzentrisch sie sind, haben eines gemeinsam: Wenn du sie betrittst, zwingen sie dich dazu, loszulegen."

Twyla Tharp, The Creative Habit (frei übersetzt)

J. K. Rowling ging nach der Arbeit mit ihrer Tochter in ein Café, um zu schreiben, weil es für sie das einzig Mögliche war, was sie zu diesem Zeitpunkt tun konnte.

E. B. White wartet nie auf ideale Bedingungen. Wenn der Lärm in seinem Haus Überhand nimmt, sucht er sich einfach einen anderen Ort, an den er gehen kann. In seinen Worten: "Ein Schriftsteller, der auf ideale Arbeitsbedingungen wartet, wird sterben, ohne ein Wort zu Papier gebracht zu haben."

Vielleicht kannst du nicht einmal eine feste Zeit zum Schreiben bestimmen, weil dein Alltag nicht strukturiert ist.

Warte nicht auf ideale Bedingungen.

Wenn du kannst, wähle eine feste Zeit in deinem Tag. Vorzugsweise den Morgen. Wenn nicht, sei einfach spontan und wähle ein freies Zeitfenster in deinem Tag und nutze die anderen Auslöser, um die Gewohnheitsschleife in Gang zu setzen.

Auslöser #2: Ort

Unsere Umwelt hat einen großen Einfluss auf uns.

Die Forschung zeigt, dass eine ausreichende Menge an Licht die Stimmung verbessert, während eine schlechte Beleuchtung zu Depressionen und anderen Mangelerscheinungen im Körper beiträgt. Die Menge und die Art der Beleuchtung wirken sich direkt auf Konzentration, Appetit, Stimmung und viele andere Aspekte des täglichen Lebens aus.

Auch wenn du das Wetter und das Sonnenlicht nicht beeinflussen kannst, musst du kein Opfer deiner Umgebung sein. Gestalte stattdessen deine Umgebung so, dass sie den bestmöglichen Raum für deine Gewohnheiten bietet.

George R. R. Martin schreibt in einer Hütte in New Mexico, die er "den Bunker" nennt. Maya Angelou mietet ein spezielles Hotelzimmer, um zu schreiben. Für sein bahnbrechendes Buch *Carrie* schloss sich Stephen King buchstäblich in der Waschküche ein.

Aber du musst nicht so weit gehen, um deine Gewohnheit zu etablieren. Nach dem Wäscherei-Roman sitzt King jetzt auf demselben Platz und seine Papiere sind alle am selben Ort angeordnet.

Es reicht schon, wenn du einen Ort hast, an den du dich zurückziehen kannst, etwas, das deinem Gehirn signalisiert: Das ist mein Platz zum Schreiben.

Um ein ideales Umfeld zu schaffen, solltest du dich an deiner eigenen Persönlichkeit orientieren. Würdest du lieber an einem gemütlichen Ort mit Decken und Kerzen schreiben? Oder einem industriellen Raum, der clean und minimalistisch aussieht? Möchtest du, dass dein Schreibtisch frei von Unordnung ist oder inspiriert dich ein Ort voll Bücher und Notizen? Worauf schreibst du? Mit Kugelschreiber auf einem Notizbuch (liniert? blanko?), einer guten alten Schreibmaschine oder einem Computer? In welchem Programm schreibst du (denn hier kann auch das Design sehr entscheidend für den Wohlfühlfaktor sein)?

Lass dich von Pinterest inspirieren. Füge visuelle Elemente ein, die dich zur Ruhe bringen und dir ein Gefühl von Sicherheit verleihen. Dein kreativer Raum sollte einladend aussehen.

Der Schlüssel liegt darin, eine möglichst reibungslose Umgebung zu gestalten. Es sollte nicht viel Willenskraft erfordern, dort anzufangen, wo du gestern Abend mit dem Schreiben aufgehört hast.

Wenn du morgens schreibst, solltest du alles am Vorabend vorbereiten – und zwar so gut, dass du sofort loslegen kannst. Ein schöner und funktioneller Raum zum Schreiben (und mit „Raum" ist übrigens auch die Ecke eines Zimmers gemeint) wird es dir leicht machen, zur eigentlichen Gewohnheit überzugehen.

Schaffe dir einen Kokon, der dir hilft, in die kreative Aufgabe einzutauchen und dich mit einem Angebot lockt, das du nicht ablehnen kannst.

Vielleicht hast du aber auch nicht den Luxus, einen eigenen kreativen Raum zu haben. Vielleicht musst du an einem öffentlichen Ort schreiben, weil du keine Ecke in deiner kleinen Wohnung frei hast. Das sollte dich nicht davon vom Schreiben abhalten.

Autor David Baldacci sagt dazu:

> "Der Ort zum Schreiben ist in deinem Kopf. Ich kreiere einen Kokon in mir selbst und kann überall schreiben." *(frei übersetzt)*

David Baldacci schrieb seine Thriller sehr spät in der Nacht nach einem vollen Arbeitstag oder in seiner Mittagspause. Jahrelang. Er hatte den inneren Drang zu schreiben und konzentrierte sich nicht auf das Wo.

Ein spezieller, nur dem Schreiben gewidmeter Ort, kann ein guter Trigger für die Schreibgewohnheit sein. Er kann die Reibung und den inneren Widerstand verringern und erleichtern, diese Gewohnheit zu etablieren.

Wenn möglich, gestalte dir deinen perfekten Raum – deine perfekte kleine Ecke, einen kleinen Schreibtisch oder vielleicht sogar nur ein Stück vom Schreibtisch.

Wenn das nicht möglich ist, nicht verzweifeln. Der nächste Trigger ist genauso wirkungsvoll und weder an Ort noch an Zeit gebunden.

Auslöser #3: Eine weitere Gewohnheit

Der amerikanische Schriftsteller Jack Kerouac hatte ein wirkungsvolles Ritual für seine Schreibroutine entwickelt.

Er zündete eine Kerze an, schrieb in ihrem Licht und blies sie aus, wenn er fertig war. Warum funktionierte diese einfache Zeremonie?

Der Grund geht auf den Diderot-Effekt zurück, der ursprünglich mit dem Konsumverhalten zusammenhängt.

Der französische Philosoph Denis Diderot war ein armer Schlucker, bis er seine persönliche Bibliothek an Katharina die Große, die Kaiserin von Russland, verkaufte. Mit seinem neuen Reichtum kaufte er eine schöne scharlachrote Robe. Zu schön. Denn plötzlich passte sie gar nicht mehr zum Rest seiner Besitztümer. Logischer Schritt: er rüstete auf. Diderot schmückte sein Haus mit teuren Skulpturen, einem neuen Tisch und einem Spiegel.

Nach ihm wurde der Effekt benannt, der die Tendenz beschreibt, dass eine teure Anschaffung zur nächsten führt. Wenn wir uns neue Produkte zulegen, führt das oft zu einer Konsumspirale, die in der menschlichen Neigung begründet ist, Handlungen nacheinander auszuführen.

Du gehst ins Bad, wäschst dir die Hände, denkst daran, dass du frische Handtücher brauchst, gehst in die Waschküche und so weiter. Wie du diese Tendenz nutzen kannst zeigt James Clear in *Die 1%-Methode* und nennt es Gewohnheitskopplung, die folgender Formel folgt:

"Nach [AKTUELLE GEWOHNHEIT]
werde ich [NEUE GEWOHNHEIT]. "

Er gibt dem Diderot-Effekt eine positive Wendung.

Das funktioniert, wenn du eine neue Gewohnheit nach einer Gewohnheit ausführst, die du bereits etabliert hast (wie z.B. meinen morgendlichen Kaffee). Außerdem muss diese Gewohnheit "sehr spezifisch und sofort umsetzbar" sein. Deshalb hat das Anzünden der Kerze für Kerouac so gut funktioniert.

Stephen King hat immer ein Glas Wasser oder eine Tasse Tee und Vitamintabletten dabei. Diese morgendlichen Gewohnheiten werden mit seiner Schreibgewohnheit kombiniert. Gleich danach setzt er sich hin, um zu schreiben.

Kleine Elemente können als sehr wirksame Auslöser dienen, vor allem, weil die Schreibgewohnheit selbst zu überwältigend erscheint. Ein ganzes Buch schreiben? Wenn eine kleine, spezifische und einfache Gewohnheit vorausgeht, ist es leichter, dein Gehirn zu überlisten.

Fang mit einer Tasse Kaffee, Tee oder Wasser an – irgendetwas, das einfach ist und Spaß macht. Es wird einige Zeit dauern, aber nach einer Weile des beharrlichen Koppelns wird dein Gehirn die beiden Gewohnheiten automatisch verbinden.

Auslöser #4: Rechenschaftspflicht

Ich liebe es, mit mir selbst zu konkurrieren. Niemand sonst muss daran beteiligt sein.

Ich setze mir selbst Ziele: wie viele Wörter ich täglich schreiben will oder wie oft ich wöchentlich trainieren will. Dabei muss ich mich mit niemandem sonst messen. Deshalb bin ich gern Solopreneur.

Nicht so mein Ehemann.

Vor kurzem hat er mit zwei anderen Freunden ein Projekt begonnen. Sie führten jeden Abend stundenlange Zoom-Telefonate, um sich gegenseitig Rechenschaft abzulegen und zusammenzuarbeiten. Während mich eine solche Arbeitsweise erdrücken würde, spornte es ihn an, noch härter zu arbeiten, jeden Tag zu erscheinen und seine Ziele zu erreichen.

Jeder von uns ist anders veranlagt. Und für viele Menschen sind Verantwortlichkeit und Zusammenarbeit die besten Werkzeuge, um eine kreative Gewohnheit auf Dauer durchzuziehen.

Wenn du – wie mein Mann – zu diesen Menschen gehörst, brauchst du Rechenschaftspartner.

Selbst ich, eine hoffnungslos introvertierte Person, die niemanden in ihren Prozess einbeziehen will (zumindest bis zu einem bestimmten Punkt), gehe oft in ein Coworking Space, wo ich mit mehreren freiberuflichen Freunden zusammenarbeite.

Wir sind nicht alle Schriftsteller. Jeder hat sein eigenes Projekt. Aber die Tatsache, dass wir alle in einem Raum sitzen und arbeiten, motiviert mich zu schreiben und nicht in Ablenkung zu verfallen.

Wenn du niemanden in deiner Nähe hast, der als Rechenschaftspartner in Frage kommt, dann suche dir Leute online – in Facebook-Gruppen oder Foren. Setzt euch einfach ein Ziel, zu einer bestimmten Zeit gemeinsam zu schreiben und zwar alle von dort aus, wo ihr wohnt.

Der Schlüssel liegt in dem Wissen: die Anderen schreiben gerade, ich muss Verantwortung übernehmen und ebenfalls schreiben.

Die Rechenschaftspflicht gegenüber Anderen wird dich an den Tagen auffangen, an denen du keine Lust hast, zu schreiben. Es wird dich dazu zwingen, anderweitige Pläne beiseite zu legen, Netflix auszuschalten und Worte zu Papier zu bringen.

Geh jetzt einen Schritt zurück.

Prüfe alle vier Auslöser und wähle diejenigen aus, die zu deiner Persönlichkeit und deinen Umständen passen.

Kannst du eine bestimmte Tageszeit wählen?

Einen Ort, den du umgestalten kannst?

Kannst du das Schreiben mit einer anderen Gewohnheit koppeln, die du bereits hast?

Kannst du Partner als Unterstützung mitnehmen?

Denk daran: **Der Schlüssel liegt in der Einfachheit.**

Du willst den Prozess so reibungslos wie möglich gestalten, um zu vermeiden, dass du zu viel nachdenkst, dir Zeit für diesen inneren Kampf nimmst und in Prokrastination verfällst.

Kannst du eine Gewohnheit wählen, die das Beste aus allen (oder zumindest den meisten) Triggern vereint?

Mein Morgenkaffee hat bei mir Wunder gewirkt. Er kombiniert eine bereits bestehende Gewohnheit mit einer Zeit und einem Ort (meinem Schreibtisch). All das zusammen ist ein Ritual – ein Signal für mein Gehirn, dass die Schreibgewohnheit gleich beginnt. Es weckt ein Verlangen nach leckerem Kaffee, dem gemütlichem und vertrauten Platz am Schreibtisch mit Kerzen oder kleinen Lichtern, der Ruhe und Einsamkeit des frühen Morgens, dem Gefühl der Zufriedenheit, wenn die leere Seite mit Wörtern gefüllt wird... all das ist die perfekte Grundlage für eine Schreibgewohnheit.

Zumindest für mich.

Du musst herausfinden, was zu deiner Persönlichkeit und deinen Umständen passt.

Fürchte dich nicht, Dinge auszuprobieren. Hab keine Angst davor, eine jahrelange Gewohnheit anzupassen, wenn sich dein Leben verändert hat und sie nicht mehr funktioniert.

Die 15-Minuten Schreibgewohnheit ist organisch. Und wenn du sie einmal etabliert hast, wirst du dich nicht mehr an ein Leben ohne sie erinnern.

Schritt #3

3 Hacks, um Ablenkungen für immer loszuwerden

VOLLER TERMINPLAN. Keine Zeit.

So sehen die meisten unserer Tage aus.

Wir rennen von einer Aufgabe zur nächsten. Aber tun wir wirklich etwas von Wert? Haben wir etwas erreicht, das auf lange Sicht von Bedeutung ist?

Bei den meisten unserer Aufgaben lautet die Antwort: nein.

Wir sind nur damit beschäftigt, Brände zu löschen.

Die einzige Möglichkeit, bedeutende schöpferische Arbeit zu leisten, ist das, was der Informatikprofessor Cal Newport von der Georgetown University *Konzentrierte Arbeit* oder *Deep Work* nennt.

> Newport definiert Deep Work als “berufliche Aktivitäten, die in einem Zustand ablenkungsfreier Konzentration ausgeübt werden und Ihre geistigen Kapazitäten an ihre Grenzen bringen. Diese Leistung schafft neuen Wert, verbessern Ihre Fähigkeiten und ist schwer zu kopieren.“

Kreativität ist wertvoll, originell und kraftvoll, wenn sie aus Deep Work kommt – einer ablenkungsfreien Arbeit, die im Fluss geschieht.

In einer Welt, in der von uns erwartet wird, dass wir ständig online und erreichbar sind, haben wir es verlernt, uns auf eine Sache voll und ganz zu konzentrieren. Deep Work erfordert Hingabe, einen Plan und Training – wie ein Muskel, der aufgebaut werden muss.

Deine tägliche Schreib-Zeit muss daher “heilig” sein.

Ein Kokon, in den nichts eindringen kann, vor allem keine äußeren Trigger, die dich ablenken können.

Ablenkung ist ein immerwährender Feind. Laut einer Studie der University of California Irvine "dauert es im Durchschnitt 23 Minuten und 15 Sekunden, bis man wieder bei der Sache ist." Bevor wir uns also an den Schlachtplan für deine Schreibroutine machen, müssen wir zuerst über externe Auslöser sprechen.

Externe Auslöser

Pong.

Mein Blick gleitet zum Handy neben dem Laptop.

Ich lese die Nachricht. Nichts Wichtiges. Ich will weiter schreiben, aber... in dieser einen Sekunde ist meine Konzentration weg.

Meine Aufmerksamkeit hat sich verlagert und es wird immer schwieriger, zum Schreiben zurückzukehren.

Als Schriftstellerin fiel es mir schwer, Worte zu Papier zu bringen, weil mich das ständige Klingeln und Piepen des Alltags ablenkte. Es ist nicht nur das Telefon, es können auch Familienmitglieder oder Kollegen sein, die reinkommen, oder eine E-Mail-Benachrichtigung, die sich in das periphere Blickfeld schiebt.

Ich trage immer Kopfhörer, wenn ich schreibe. Sie helfen mir, den Lärm einer ablenkenden Umgebung auszublenden. Aber sie helfen nicht bei den "dringenden" Anfragen, die alle fünf Minuten auf meinem Bildschirm eintreffen.

> "Heutzutage ist ein Großteil unseres Kampfes mit Ablenkung ein Kampf mit externen Auslösern. "
>
> *Nir Eyal, Die Kunst, sich nicht ablenken zu lassen: Indistractable - Werden Sie unablenkbar*

Deep Work ist immer das Ziel.

Externe Ablenkungen lauern hinter jeder Ecke. Sie sind in unserer modernen Zeit zu einem echten Problem geworden – wegen der Smartphones, aber auch wegen der Kultur. Die Menschen erwarten von uns, dass wir zu jeder Tages- und Nachtzeit ihre Anfragen beantworten.

Wir wollen alles sofort. Wir wollen die Antwort sofort. Wir wollen, dass man auf unsere E-Mails, Anfragen und Meetings sofort antwortet.

Aber Produktivität und fokussierte Arbeit, die zu sinnvollen Ergebnissen führt, brauchen einen langen Atem.

Wir sitzen seit acht oder mehr Stunden am Stück am Schreibtisch, aber irgendwie haben wir nichts geschafft. Warum ist das so?

Forscher haben herausgefunden, dass Menschen, die während einer Aufgabe unterbrochen werden, die verlorene Zeit wieder aufholen, indem sie schneller arbeiten. Der Preis dafür ist allerdings ein höheres Maß an Stress und Frustration.

Indem wir auf alles reagieren, konditionieren wir unser Gehirn darauf und verlieren so die Fähigkeit, fokussiert zu arbeiten. Je mehr wir von einer Aufgabe zur nächsten springen und auf all die Ablenkungen reagieren, die um unsere Aufmerksamkeit konkurrieren, desto mehr verlieren wir die Fähigkeit, tiefe und sinnvolle Arbeit zu verrichten.

Können wir die Benachrichtigungen nicht einfach ignorieren? Eine Studie, die im *Journal of Experimental Psychology: Human Perception and Performance* veröffentlicht wurde, fand heraus, dass der Erhalt einer Smartphone-Benachrichtigung, auf die man nicht antwortet, genauso sehr ablenkt wie das Beantworten einer Nachricht oder eines Anrufs.

Du musst nicht einmal auf die Benachrichtigung reagieren. Die Unterbrechung reicht schon aus, um dich abzulenken.

Aber nicht alle äußeren Trigger sind negativ.

Studien haben ergeben, dass motivierende Botschaften, die regelmäßig auf dem Handy auftauchen, Rauchern helfen, mit dem Rauchen aufzuhören.

Wenn wir gute Nachrichten und motivierende Botschaften erhalten, können sie uns darin unterstützen, zu schreiben. An dieser Stelle sind Rechenschaftspartner hilfreich. Aber über Motivation sprechen wir noch in den nächsten Kapiteln.

Die Frage ist: Wie können wir die guten Auslöser von den schlechten unterscheiden und wie können wir diese ständige Ablenkung loswerden, die uns vom Schreiben abhält?

Die Methode besteht darin, eine entscheidende Frage zu beantworten: **Dient dieser Trigger mir oder diene ich ihm?**

Das Problem ist: 90% unserer Trigger machen uns zu Sklaven.

Wir werden zu Sklaven unserer Umgebung, Sklaven unseres Telefons, Sklaven unseres Desktops und unserer E-Mail-Programme. Wir können ihnen nicht entkommen, können sie nicht umgehen.

Sie sind darauf programmiert, unser Gehirn abhängig zu machen. Sie dienen uns nicht mehr. Wir dienen ihnen.

Wenn du deine Freiheit zurückgewinnen und sinnvolle Arbeit leisten willst, musst du externe Auslöser während deiner Schreibzeit ganz ausschalten.

Ich zeige dir jetzt drei Methoden, wie du das effektiv machen kannst.

1. Besorge dir eine knallbunte Weste

Krankenhäuser in den USA leiden unter zusätzlichen Kosten in Höhe von 3,5 Milliarden Dollar aufgrund von menschlichen Fehlern.

Die meisten davon entstehen durch ablenkende äußere Auslöser, die verhindern, dass sich gut ausgebildete und wohlmeinende Menschen auf ihre Aufgabe konzentrieren können. Studien haben ergeben, dass Krankenpfleger/innen bei jeder Medikamentenausgabe 5-10 Unterbrechungen erleben.

Becky Richards entwickelte eine Lösung, die bei ihren Kollegen in der Krankenpflege auf Widerstand stieß.

Sie schlug vor, dass sie knallige Westen tragen sollten, um andere darauf aufmerksam zu machen, dass sie gerade Medikamente ausgeben und nicht gestört werden sollten. Den Krankenpflegern gefiel es nicht, auf diese Weise zur Schau gestellt zu werden.

Die Idee wäre beinahe gescheitert, bis die Krankenhausverwaltung Becky Richards vier Monate später die Ergebnisse ihres Experiments vorlegte.

Die Fehlerquote sank um 47 %.

Wenn du dich konzentrieren willst, brauchst du eine knallbunte Weste.

Nicht wortwörtlich – aber du brauchst etwas, das die anderen wissen lässt, dass du nicht gestört werden darfst. In *Die Kunst, sich nicht ablenken zu lassen: Indistractable - Werden Sie unablenkbar* schlägt Nir Eyal eine große Karte mit großer Schrift auf deinem Computerbildschirm oder auf deinem Schreibtisch vor, auf der steht: *Ich muss mich jetzt konzentrieren, aber komm bald wieder.* Eine Karte, die den Menschen um dich herum klar signalisiert, dass du nicht unterbrochen werden möchtest.

Es gibt noch radikalere Ansätze.

Du könntest flackernde Lichter auf deinem Kopf tragen, um allen anderen zu zeigen, dass du gerade im Fokus-Modus bist. Oder du wählst etwas weniger Glamouröses und hängst ein Schild an deine Bürotür.

Kommuniziere mit deiner Familie, wenn du von zu Hause aus arbeitest. Bringe zum Ausdruck, dass die Arbeit, die du machst, wichtig ist und du ungestörte Zeit brauchst.

Ein netter Nebeneffekt: Rechenschaftspflicht.

Du stellst ein Schild auf, das alle anderen sehen können. Du sagst den Leuten, dass du schreiben wirst und baust dadurch zusätzlichen Druck auf, das tatsächlich zu tun anstatt bei Amazon zu shoppen.

2. Geh radikal an dein Smartphone heran

Sechs Stunden am Tag ist sein Telefon im Flugmodus – so handhabt es ein Freund von mir, um produktiv zu sein.

Wenn du die Überhand über dein Smartphone gewinnen willst, musst du eben radikal sein.

Flugmodus ist da die optimale Lösung. Lege es während des Schreibens am besten ganz weg. Wenn du es unbedingt brauchst, schalte die Benachrichtigungen aus. Und zwar alle.

Aber was ist, wenn es einen Notfall gibt? Was ist, wenn mich jemand braucht?

Das Problem mit der heutigen Kommunikation sind die dauernden Textnachrichten. Du würdest dich wundern, wie selten jemand tatsächlich den Hörer abnimmt und deine Nummer wählt.

Glaub mir: Wenn es einen Notfall gibt, werden sie anrufen. Zweimal, wenn nötig.

Außerdem lösen sich viele Anfragen von selbst, wenn einfach etwas Zeit ins Spiel kommt.

. . .

3. Die psychologischen Auswirkungen eines unordentlichen Desktops

Eine Studie von Forschern der Princeton University hat herausgefunden, dass Menschen bei kognitiven Aufgaben schlechter abschneiden, wenn die Objekte in ihrem Blickfeld unordentlich sind.

Laut einer in der Fachzeitschrift *Behaviour & Information Technology* veröffentlichten Studie gilt der gleiche Effekt auch für digitale Umgebungen.

Ein unordentlicher digitaler Schreibtisch hat negative psychologische Auswirkungen auf deine Leistung. Wenn du produktiv sein willst, musst du Ordnung ins Chaos bringen.

Aber wer hat schon die Zeit und Lust, die hunderten von Dateien zu überprüfen, die sich auf dem Desktop tummeln?

Ich gebe dir einen einfachen Hack an die Hand, mit dem du die Unordnung ein für alle Mal beseitigen kannst. Zugegeben, ich habe ihn von Nir Eyal geklaut. Aber warum nicht geniale Ideen verbreiten?

Erstelle einen Ordner auf deinem Desktop und nenne ihn "ALLES". Oder „X“. Oder „das schwarze Loch“. Wie du willst. Jedenfalls... Wähle dann jede einzelne Datei aus und lege sie in dem Ordner ab. Das war's.

Es ist, als würdest du das ganze Chaos in ein Zimmer werfen und die Tür schließen.

Natürlich ist es besser, wenn du alte Dateien loswerden und das Chaos sortieren kannst. Aber wenn du keine Zeit und Energie hast, kannst du mit diesem einfachen Hack deinen Desktop aufräumen.

Das steigert deine Produktivität und gibt dir Ruhe, wenn du deinen Computer öffnest, um zu schreiben.

Außerdem, und das ist das Wichtigste, solltest du alle Desktop-Benachrichtigungen ausschalten. Denn wenn etwas in dein Blickfeld springt, während du schreibst, wird es dich sofort ablenken.

Die Kontrolle über externe Trigger hat mir nicht nur geholfen, produktiver zu werden. Sie hat mir auch im Alltag Ruhe und Frieden zurückgegeben, weil meine Benachrichtigungen ausgeschaltet sind, auch wenn ich nicht schreibe.

Das hilft mir, mich voll und ganz Familie und Freunden zu widmen und mich auf meine Umgebung zu konzentrieren.

So kann ich meine Gedanken schweifen lassen, neue Ideen entwickeln und die Welt beobachten (eine Fähigkeit, die für uns Autoren so essentiell ist).

Externe Auslöser beeinflussen nicht nur unsere Schreibleistung. Sie beeinflussen unser gesamtes Leben.

Erinnere dich an die entscheidende Frage, die ich am Anfang dieses Kapitels gestellt habe: Dient dieser externe Trigger dir oder dienst du ihm?

Schreiben passiert nicht nur am Schreibtisch. Es ist Teil deines Lebens – denn im Alltag bekommst du den besten Stoff für die Inhalte deiner Storys. Achte deshalb auf externe Trigger. Hör auf, sie zu bedienen.

Lass dir mehr Zeit zum Träumen und Verweilen und übernimm wieder die Kontrolle über deinen Tag.

Aber Moment mal... du hast alle Ablenkungen eliminiert, deinen idealen Ort gestaltet, dein spezielles Getränk zubereitet, vielleicht noch verwesende Pfirsiche am Schreibtisch verteilt – und jetzt fragst du dich: Was mache ich jetzt?

Um sicherzustellen, dass du deine Gewohnheit durchziehst, brauchst du unbedingt einen klaren und strukturierten Prozess. Und um diesen geht es im nächsten Kapitel.

Schritt #4

Dein persönlicher Schlachtplan – in 5 Schritten

"Wenn du nicht weißt, wohin du gehst, wirst du woanders landen. "

Yogi Berra, ehemaliger Fänger der New York Yankees

ALS ICH BESCHLOSS, meinen ersten Roman zu schreiben, dauerte dieser Kampf über ein Jahr.

Ich setzte mich vor die leere Seite. Schrieb ein paar Sätze. Vielleicht einen oder zwei Absätze. Las sie noch einmal. Löschen. Neu schreiben. Aber ich konnte einfach nicht weitermachen.

Also begann ich, mich vor der Schreibzeit zu fürchten und Ausreden zu finden. Zum Glück ließ mich der innere Zwang nicht los.

Ich bin mir sicher, dass du schon mehr als einmal gegen die metaphorische Wand beim Schreiben gestoßen bist. Der Begriff Schreibblockade hat bei Google über 200.000 Ergebnisse. Warum?

Lass mich einen unerhörten Lösungsansatz vorschlagen: Es liegt daran, dass du keinen Plan hast.

Wenn du auf die leere Leinwand, den leeren Bildschirm oder dein weißes Blatt blickst, erschreckt dich das zu Tode. Es paralysiert dich. Du weißt nicht, was du als Nächstes tun sollst.

Das Gute daran: du kannst es ändern. Du kannst dir einen Plan zurechtlegen – eine Struktur für deine Schreibroutine. Aber wird das nicht die Kreativität zerstören?

Dr. Seuss schrieb sein Buch „Green Eggs and Ham" wegen einer Wette, dass er kein Buch mit 50 oder weniger Wörtern schreiben könnte. Er gewann die Wette und schrieb eines seiner beliebtesten Werke.

Sein erstes erfolgreiches Kinderbuch war das Ergebnis einer erneuten Wette, ein Buch mit weniger als einer bestimmten Anzahl von Wörtern zu schreiben.

Kreativität gedeiht mit dem richtigen Rahmen. Denn wenn du ihr eine Richtung vorgibst, wenn du ihr eine Herausforderung gibst, dann befreist du sie von der Unsicherheit der leeren Leinwand.

Für deine Schreib-Routine musst du dir etwas einfallen lassen, das für dich effizient ist. Etwas, das dir genug Struktur und

Herausforderung bietet, aber gleichzeitig deine Kreativität nicht einschränkt.

Wie du deine Schreib Zeit strukturierst

Schritt #1: Plane den gesamten Prozess

Betrachte zunächst das große Ganze.

Ein Buch zu schreiben ist ein Vorgang, der mysteriös, umfangreich und irgendwie unrealistisch erscheint. Allein die Größe dieses Vorhabens versetzt dich in den Fluchtmodus.

Daher musst du dieses Unterfangen in kleinere Schritte unterteilen.

Zum Beispiel: Du beginnst mit einer groben Plot-Skizze, erstellst dann die Charaktere und Charakterbögen, dann den ersten Entwurf, das Lesen und Lektorat, die erste Auflage und so weiter.

Du kannst jeden kreativen Prozess in Handlungsschritte strukturieren.

"Einen Roman schreiben" ist viel zu abstrakt. Wenn du die dazugehörigen Schritte aufschreibst, müssen sie konkret, klar und einfach sein.

Beim ersten Buch ändert sich der Prozess laufend. Entscheidend ist, dass du ihn zunächst weniger einschüchternd machst, indem du ihn runter brichst. Wenn du dann merkst, dass du

Schritte hinzuaddieren oder streichen musst, ist das kein Problem. Der Prozess des Schreibens ist organisch. Er ändert sich von Buch zu Buch und von Jahr zu Jahr. Und das ist okay.

Das Ziel ist, ihn weniger furchterregend zu machen.

Wenn ich Interviews in meinem Podcast führe, bin ich jedes Mal nervös. Besonders wenn ich mit Menschen spreche, die viel bekannter und erfahrener sind, als ich. Was mache ich dagegen?

Ich überlege mir einen Ablauf. Ich schreibe mir Fragen auf – wie ich einsteigen will, was ich als nächstes frage, was ich unbedingt erfahren will. Ich recherchiere, um noch mehr über diese Person zu erfahren.

Beim Interview selbst sind diese Fragen jedoch nur ein Leitfaden. Das Gespräch entwickelt sich organisch. Sollte es stocken, gehe ich aber brav zum vorbereiteten Spickzettel zurück und komme so nie ins Wanken. Genauso sollte es bei deinem Schreib-Prozess aussehen.

Hier ist ein grober Überblick über meinen eigenen Prozess:

- Ideen sammeln und sortieren
- Outlining mithilfe von Storytelling Techniken und Mindmaps
- Grobe Festlegung des Pakets und Marketings
- Ausbrüten der Idee mit Walk'n'Write und während des Alltags (insbesondere beim Auto fahren)
- Erster Entwurf in 4 Phasen (ich unterteile die Story in 4 Teile und schreibe sie einzeln)

- Lektorat bestehend aus dem strategischen Selbstlektorat, Fremdlektorat und Beta Lesern
- Publikation & Marketing

Wenn du tiefer in meine Methode eintauchen willst, dann gibt es dazu mein kostenloses E-Book „Werde zur Schreibmaschine" und meinen Cornerstone Kurs, die Story Masterclass.

Aber bitte bedenke immer: mein Prozess ist nicht dein Prozess.

Du musst deinen eigenen Prozess finden. Und ihn immer wieder erneuern, verbessern und optimieren.

Wichtig ist, dass du an dem designierten Ort auftauchst und die Arbeit machst. Und um da den Widerstand zu verringern, musst du ganz genau wissen, was du gerade tust in Hinblick auf das große Ganze.

Also: Unterteile dein Vorhaben in umsetzbare Schritte und überlege dir jeden einzelnen Schritt genau. Gestalte dir quasi eine Karte, die dich Schritt für Schritt zum Ziel führt.

Schritt #2: Die innere Vorstellungskraft

Wenn du dich zu Beginn deiner Schreibroutine hinsetzt, entscheide, was du in diesem Moment schreiben willst.

Schau dir den Gesamtplan an. Wo stehst du und wohin willst du? Wo befindet sich deine Story?

Dann schließe deine Augen. Stell dir einige Sekunden lang vor, was du gleich tun wirst. Stell dir die Szene vor, die du gleich schreiben wirst, die Gerüche, die Geräusche, wie sie aussieht, wie die Figuren aussehen.

Gib deinem Gehirn etwas Zeit, um zu verarbeiten, was du vorhast.

Stell es dir möglichst genau vor. Das ist wahnsinnig hilfreich, weil es dein Gehirn auf die kreative Aufgabe lenkt.

Das muss nicht lang sein. Es können 10 oder 30 Sekunden sein, maximal 5 Minuten. Atme einfach durch, schließe deine Augen und stell es dir vor – diese paar Sekunden sind eine Quelle der Inspiration und Motivation.

Schritt #3: Zeitblöcke

Um konzentriert und ablenkungsfrei zu arbeiten, solltest du mit kurzen Zeitblöcken beginnen.

Wenn du bisher noch nicht fokussiert gearbeitet hast, wird dir das helfen, nicht gleich zu scheitern und aufzugeben. Unser Gehirn ist es gewohnt, sich ständig ablenken zu lassen. Am Anfang ist es schwierig, sich auf eine einzige Aufgabe zu konzentrieren.

Stell dich drauf ein und verzweifle nicht. Es braucht Übung.

Mach zunächst einen Testlauf und beginne mit fünf Minuten konzentriertem Schreiben ohne Ablenkung. Setze dir einen Timer. In diesen fünf Minuten tust du nichts Anderes.

Wenn du merkst, dass du weitermachen kannst, erhöhe die Zeit auf 10 oder 15 Minuten. Das Maximum liegt dort, wo deine Produktivitätsgrenze ist.

Mache eine kurze Pause, trinke etwas Wasser, gehe spazieren und beginne dann einen neuen Zeitblock.

Der Timer hilft dir, dich aufs Schreiben zu konzentrieren und alle ablenkenden Gedanken auf später zu verschieben. Du kannst auf deinen Timer schauen und dir sagen: *Okay, ich habe noch 10 Minuten. Nach diesen 10 Minuten kann ich mich immer noch mit dieser Ablenkung beschäftigen und diesem Gedanken nachgehen oder ihn zumindest aufschreiben.*

Die Ablenkung ist vielleicht schon nach 10 Minuten weg, aber die Tatsache, dass du sie nicht auf unbestimmte Zeit aufschiebst, gibt dir Sicherheit und hilft, die Ablenkung leichter zu verdrängen.

Wenn der Zeitblock beginnt, musst du genau wissen, was du in dieser Zeit tun willst. Aus diesem Grund ist die Übung der Vorstellungskraft so hilfreich. Sie fokussiert dein Gehirn auf die Aufgabe, die vor dir liegt und hilft dir, das Beste aus dem Zeitblock herauszuholen.

Der Flow-Zustand macht süchtig. Du kannst ihn wie einen Muskel trainieren.

Wenn du dir das tägliche Schreiben angewöhnst, wird dieser Muskel stärker werden und du wirst sehen, wie du in kürzerer Zeit immer besser schreibst.

Halte dich nicht starr an die Zeitblöcke. Wenn ich ein Kapitel schreibe, in einem Flow-Zustand bin und der Timer abläuft schreibe ich trotzdem weiter. Ich nutze die Kraft des Momentums.

Der Timer hilft, Prokrastination zu vermeiden und eben dieses Momentum aufzubauen. Wenn du bereits im Flow-Zustand bist, kannst du den Timer ignorieren und deine Arbeit fortsetzen.

Erlaube dir, in diesen Zeitblöcken zu experimentieren, Szenarien durchzuspielen und auch Fehler zu machen. Wenn du auf eine kreative Idee kommst, die nicht in deine Outline passt, probiere sie einfach aus.

Denk daran: das ist *deine* Schreibzeit. Alles ist erlaubt.

Schritt #4: Setze dir Ziele und verfolge deinen Fortschritt

Setze dir immer Ziele für deine Schreib-Zeit.

Es kann eine Anzahl der Seiten, Kapitel oder Worten sein – alles, woran du deinen Erfolg messen kannst.

Diese kleine Dosis Druck hilft dir, dich zu konzentrieren und versorgt dich mit besseren Ideen. Die Wissenschaft hat bewiesen, dass kleine Mengen von Stress hilfreich sind, um Ideen zu entwickeln und Lösungen für Probleme zu finden.

Schaffe Raum für Verbesserungen. Fang mit kleineren Zielen an. Und wenn du deine kreativen Muskeln aufgebaut hast, kannst du sie erhöhen. Wir unterschätzen oder überschätzen oft, was wir in einem bestimmten Zeitrahmen schaffen können. Aber wenn du mit diesen Zeitblöcken weitermachst, wirst du unweigerlich merken, wie du besser wirst.

Dieser Schritt ist außerdem unumgänglich, um die Gewohnheitsschleife abzuschließen. Aber mehr dazu im nächsten Kapitel.

Schritt #5: Schreibe eine Notiz für den nächsten Tag

Wenn der letzte Zeitblock abläuft und dich die Aufgaben des Alltag rufen, bist du normalerweise noch voller Ideen und Tatendrang.

Deshalb solltest du im fünften Schritt alles aufschreiben, was du in der nächsten Sitzung tun willst. Diese Ideen, Gedanken und Ziele helfen dir, dich am nächsten Tag schneller in den Flow-Zustand zu versetzen und in den Kreativitätsmodus zu kommen.

Hemingway zum Beispiel beendete nie ein Kapitel. Manchmal ließ er die Sätze sogar unvollendet, denn wenn er sich das nächste Mal hinsetzte, konnte er dort weitermachen, wo er aufgehört hatte.

Ich notiere mir gern Ideen dazu, was ich morgen als Nächstes schreiben will. So kann ich am nächsten Tag direkt starten, ohne wertvolle Zeit damit zu verschwenden, mich an das zu erinnern, was mir zuletzt in den Sinn kam.

Der Trick all dieser oben genannten Schritte ist, dass du dich niemals vor ein leeres Blatt setzt.

Es muss immer etwas geben, das dich anspornt, weiter zu schreiben. So nimmst du dem leeren Blatt die Kraft und kommst viel leichter in den Flow – was besonders entscheidend ist, wenn du nur 15 Minuten zum Schreiben hast.

Bevor du dich aber hinsetzt und einen Plan für deine Gewohnheit entwirfst fehlt hier noch ein wichtiger Schritt, um die Gewohnheitsschleife zu vervollständigen.

Ohne ihn wird sie nicht gelingen. Und genau darum geht es im nächsten Kapitel.

Schritt #5

Die letzte und wichtigste Zutat für eine unschlagbare Schreibgewohnheit

Die Lösung des Mysteriums

Du kennst das.

Mit dem Verstand weißt du ganz genau: Gesunde Ernährung ist gut. Sport ist gut. Rauchen ist schlecht. Alkohol ist schlecht. Netflix... ist auch schlecht, zumindest in zu hoher Dosis. Schreiben ist gut.

Warum aber machst du es dann nicht?

Nicht diszipliniert genug. Nicht genug Willenskraft. Ein Versager. Kein richtiger Schriftsteller.

Aber das ist eine Schlussfolgerung, die weit von der Wahrheit entfernt ist.

Karachi, Pakistan, war eines der dreckigsten Städte mit einer der größten Sterblichkeitsraten weltweit.

Ein Forschungsteam aus den USA wollte die Bewohner von Karachi dazu ermutigen, öfter die Hände zu waschen. Sie stellten jedoch fest, dass Aufklärung hier nicht nötig war – die meisten wussten, wie wichtig Händewaschen ist. Sie taten es jedoch entweder nicht sehr gründlich oder gar nicht.

Die Forscher begannen dann, eine Premium Seife kostenlos an alle Haushalte zu vergeben – eine Seife, die ein positives Erlebnis beim Händewaschen kreierte, weil sie gut roch und leicht schäumte. Innerhalb weniger Monate waren die Ergebnisse radikal: Durchfall verringerte sich um 52 Prozent, Lungenentzündung um 48 Prozent und eine bakterielle Hautinfektion um 32 Prozent.

Und das beste: nach sechs Jahren hatten diese Haushalte immer noch die Gewohnheit beibehalten, ihre Hände zu waschen, obwohl sie seit fünf Jahren keine kostenlose Seife mehr bekommen hatten.

Warum war Information nicht genug, um eine gute Gewohnheit zu etablieren?

Die Lösung des Mysteriums versteckt sich in unserem Gehirn.

In der modernen Gesellschaft kommt die Belohnung für eine Handlung oft versetzt. Du arbeitest hart, bekommst das Geld aber erst am Ende des Monats. Du machst Sport, siehst die Muskeln aber erst in einem halben Jahr. Es kann teilweise Jahre dauern, bis wir die Ergebnisse unserer Handlungen zu spüren bekommen.

Unser Gehirn jedoch ist so programmiert, dass es auf sofortige Belohnungen reagiert. Es lebt mehr in der Gegenwart als in der Zukunft.

Meistens ist das ein existentieller Faktor: du probierst ein Essen, es schmeckt verdorben, du schmeißt es weg. Logisch. Das Problem: du rauchst und es beruhigt dich. Dein Gehirn denkt – super, weiter so! Es interessiert sich nicht dafür, dass du in einigen Jahren Lungenkrebs bekommen könntest.

Deswegen reichen Disziplin und Willenskraft nicht aus. Wenn du eine gute Gewohnheit planst, planst du für die Zukunft. In dem Moment, auf den es ankommt, gewinnt jedoch die sofortige Belohnung.

Wenn du planst, ein Buch zu schreiben, visualisierst du dich zwar mit einem Buch in den Händen und tausenden von Fans, die deinen Namen jubeln.

Doch wenn es dann darum geht, früher aufzustehen und dich an den Laptop zu setzen, drückst du lieber den Schlummerknopf und schläfst etwas länger. Weil es sich *in diesem Moment* einfach besser anfühlt.

Die Lösung liegt im letzen Schritt der Gewohnheitsschleife: der Belohnung.

Es ist wichtig, dass diese sofort geschieht. Nicht erst in Monaten und Jahren.

Und dafür musst du etwas tricksen.

Unterbrich die Kette nicht

Der Schlüssel dazu, das Prinzip der sofortigen Belohnung für dich zu nutzen, ist ein Erfolgserlebnis, das du am Ende der Schreibsession integrierst – egal, wie klein es ist.

Wie kannst du dieses Erfolgserlebnis generieren?

Die Lösung liegt im „Tracking".

Das bedeutet, dass du deine Gewohnheit visuell dokumentierst.

Einfachste Variante: ein Kalender. Jeder Tag, an dem du Worte zu Papier gebracht hast, bekommt ein Kreuz.

Jerry Seinfeld benutze einen „habit tracker", um das Witze Schreiben zu dokumentieren. Er erzählt, dass es sein Ziel war, „niemals die Kette zu unterbrechen", also jeden Tag einen Witz zu schreiben, egal, wie gut dieser war. Es ging einfach nur darum, jeden Tag zu schreiben.

Warum ist Tracking so wirkungsvoll?

Zunächst zeigt es dir die Realität deines Fortschritts. Es zwingt dich, ehrlich zu dir selbst zu sein. Du kannst auf einen Blick sehen, wann du geschrieben hast, wie viele Tage du ausgelassen hast und wie produktiv du warst.

Es fungiert als eine Art Beweisstück dafür, wie du dich als Schriftsteller machst. Du musst der Realität ins Auge sehen.

Und das kann auch motivierend wirken. Denn wenn du es tatsächlich schaffst, Tag für Tag bei der Sache zu bleiben, macht es schon fast süchtig.

Du schaust auf deinen Kalender. Du hast bereits 10 Tage nacheinander geschrieben. Jetzt kannst du nicht aufhören, selbst wenn du heute einen schlechten Tag hast.

Tracking ist jedoch vor allem in sich selbst eine Belohnung.

Dafür empfehle ich dir, das Tracking zu erweitern.

Heutzutage gibt es sehr wirkungsvolle Apps, die deine Schreibgewohnheit visuell messen – nicht nur die Tatsache, *dass* du geschrieben hast, sondern auch wieviele Worte und wie schnell, sodass sie deinen WPH (word per hour), also Worte pro Stunde als eine Art Geschwindigkeitsangabe messen.

Manche Apps zeigen dir auch dein Schreibziel fürs Buch an und du kannst mithilfe eines Balkendiagramms sehen, wie weit du es noch bis zum Finale hast. Das alles macht ungeheuer Spaß und gibt dir einen Schub der Motivation, um dich morgen noch mal ans Schreiben zu setzen.

Aber: Tracking ist nicht für Jedermann. Für Manche wird es zu einer Bürde, das Schreiben jeden einzelnen Tag zu dokumentieren.

Der Anfang ist hier entscheidend.

Ab einem gewissen Zeitpunkt kommen andere Belohnungselemente ins Spiel: Buchverkäufe, positive Rezensionen und Leser-

Emails. Dein Schreibprozess wird immer leichter. Du weißt, was zu erwarten ist und kommst so besser durch die schlechten Tage.

Doch anfangs sind diese ganzen Elemente nicht vorhanden. Deshalb ist es wichtig, dass du deinem Gehirn einen extra Schub Dopamine gibst, um beim nächsten Mal wieder am Schreibtisch aufzutauchen und dem Widerstand zu trotzen.

Action Time: Jetzt bist du dran.

Nimm dir bewusst Zeit, um dich hinzusetzen und deinen eigenen Plan für die Schreibgewohnheit aufs Papier zu bringen. Gehe die in den letzten Kapiteln genannten Vorschläge durch und bilde deine eigene Gewohnheitsschleife.

Was ist dein Auslöser?

Wie erschafft er ein Verlangen?

Wie genau sieht deine Schreibroutine aus, die auf den Auslöser antwortet?

Welche Belohnung bekommst du am Ende?

Beantworte diese Fragen im Detail.

Vergiss die Realisierungsintention nicht. Wann und wo genau wirst du schreiben?

Dann leg los. Keine Ausreden. Keine Aufschübe aufs Wochenende, den nächsten Urlaub oder die Rente.

Du hast mindestens 15 Minuten Zeit in deinem Alltag, das weiß ich. Aber wenn du *jetzt* anfängst, werden selbst diese 15 Minuten über eine längere Zeit viel bewirken. Und bis zur Rente hast du bereits über zehn Bücher im Petto.

In den folgenden drei Kapiteln wird es darum gehen, was du tun kannst, wenn du mitten im Schreibprozess stecken bleibst, wie du deine Routine aufpeppen kannst, wenn sie sich nach einer Zeit langweilig und starr anfühlt und wie du deinen Alltag gekonnt nutzen kannst, um dein Schreibleben zu verbessern.

Schritt #6

Erkenne und beseitige die 8 Gründe für Schreibblockaden

Es passiert den Besten von uns.

Du hast die ersten zwei Schritte der Gewohnheitsschleife gemeistert – ein genialer Trigger signalisiert dem Gehirn, dass du jetzt schreiben musst; ein starkes Verlangen entsteht. Du tauchst in deine Routine ein… aber dann… nichts.

Die Worte wollen einfach nicht kommen. Alles fühlt sich starr und leer an. Der Timer rennt, die Sekunden werden zu Minuten… und du kommst einfach nicht weiter.

Das passiert jedem Autor. Egal, wie gut du bist. Egal, wie viele Jahre du schon schreibst.

Wichtig ist, dass du nicht direkt „Schreibblockade" rufst und panisch im Kreis rennst. Schlimmer noch: anfängst, „Schreibblockade" zu googeln, nur um zu erfahren, dass du wahrscheinlich Krebs hast und die Welt in zehn Tagen untergehen wird.

Wichtig ist, dass du vorbereitet bist.

In diesem Kapitel gebe ich dir acht Tools an die Hand, die du ausprobieren kannst, um den Grund hinter der Blockade zu finden und zu beseitigen.

Los geht's.

Grund #1: Perfektionismus

Die Lösung: Gib dir die Erlaubnis, mies zu sein.

> "Man muss sich selbst die Erlaubnis geben, mies zu sein. Wenn man erst einmal mit dem Schreiben angefangen hat, darf man überhaupt nicht mehr nachbessern oder bearbeiten. Nachdem du die Worte geschrieben hast, bleiben sie genau so, wie sie sind. Das bedeutet, man darf nicht aufhören und nicht zurückgehen, auch nicht, um Tippfehler zu korrigieren."
>
> Chris Fox, frei übersetzt als *5000 Words Per Hour*

Der erste Entwurf kann, darf und soll sogar schlecht sein.

Erteile dir die Erlaubnis dazu und gib dem inneren Kritiker Urlaub. Wenn die Worte, die du schreibst, schlecht klingen oder sich mies anfühlen, ist das in Ordnung.

Schreib weiter. Hör nicht auf. Fülle das leere Blatt.

Du kannst später immer noch zurück kehren und umschreiben. Musst du sowieso.

Aber du kannst nichts umschreiben, was nicht da ist, nicht wahr?

Grund #2: Du bist kein Gärtner

Die Lösung: Schreibe eine Outline.

Im Englischen unterscheidet man zwischen *Gardener* und *Architect* – Gärtnern und Architekten. Der Gärtner pflanzt einfach vor sich hin während der Architekt einen detaillierten Plan entwirft.

Die meisten Autoren sind eine Mischung von beidem und liegen mehr links oder rechts auf der Skala.

Wenn du beim Schreiben stecken bleibst, kann es sein, dass du mehr planen musst. Dass du vielleicht doch kein Gärtner bist, sondern eine Outline brauchst, um besser schreiben zu können.

James Patterson vertritt die Meinung, dass 90% aller Schriftsteller, besonders Anfänger, Architekten sind und unbedingt eine Outline brauchen.

Vielleicht gehörst du dazu? Das ist kein Schande. Outlining gehört genauso sehr zum Schreiben wie der erst Entwurf und macht übrigens übertrieben viel Spaß.

Grund #3: Du kennst das Ziel deiner Szene nicht

Die Lösung: Mache einen Schritt zurück und analysiere die Szene.

Jede Szene in deiner Story muss ein Ziel haben.

Einen Grund, warum sie existiert. Sie muss die Story irgendwie voranbringen.

Wenn sie es nicht tut, erfüllt sie keinen Zweck und fühlt sich an wie Kaugummi.

Was ist der Zweck dieser Szene im Großen und Ganzen? Warum ist sie in der Story? Gründe variieren von Charakterisierung über neue Information zu Charakter-Veränderung.

Du musst wissen, wo du hin willst mit dem, was du gerade schreibst. Wenn die Szene kein Ziel und keinen Grund hat, dann überlege, wie du es ändern kannst.

Oder: streiche sie und mach weiter.

Grund #4: Du bist gefangen in deinen Gedanken

Die Lösung: Gib dir Zeit, in die Szene mental einzutauchen.

. . .

Das Schreiben ist herausgerissen aus dem Alltag. Und die Tage können manchmal anstrengend sein.

Du versuchst, dich mit aller Mühe in die Story zu versetzen. Aber irgendwie scheint sie trocken und langweilig. Der Grund dafür ist, dass du noch zu sehr im Alltag fest steckst. Nimm dir deswegen einige Minuten Zeit, um dich davon zu lösen und in die Szene, die du schreiben willst, einzutauchen.

Die Visualisierungsübung aus dem vorletzten Kapitel ist da sehr hilfreich und kann intensiver praktiziert werden.

Ein guter Soundtrack im Hintergrund kann auch Wunder wirken. Setz dich hin, schließ die Augen und stell dir die Szene vor. Wo findet sie statt? Wie ist das Wetter? Welche Tages- und Jahreszeit? Wer kommt darin vor? Wie sehen sie aus? Wonach riecht es? Wie fällt das Licht? Was passiert? Schalte den metaphorischen Filmprojektor in deinem Kopf an und stell dir vor, dein Buch wäre eine Szene aus einem (richtig guten) Film. Wie würde sie aussehen?

Nimm dir hier so viel Zeit, wie du brauchst, um vollständig in die Szene einzutauchen. Sobald deine Finger kribbeln, weil sie endlich tippen wollen, bist du soweit.

Grund #5: Dein Unterbewusstsein ist überladen.

Die Lösung: Tue etwas, was kein Denken erfordert.

. . .

Wenn du einen überladenen Tag oder eine überladene Woche hattest, in der du keinen klaren Gedanken fassen konntest, ist dein Unterbewusstsein wahrscheinlich überladen.

Hier hilft nichts Anderes, als den Schreibtisch zu verlassen und etwas zu tun, was den Kopf frei macht. Geh spazieren. Bügele die Wäsche. Wasch Geschirr. Geh duschen.

Was denkst du, warum die besten Ideen unter der Dusche kommen? Selbst David Baldacci sagt: „Ich bin erstaunlich sauber, wenn ich schreibe."

Wenn du nur 15 Minuten zum Schreiben hast, willst du diese Zeit nicht mit solchen Dingen „verschwenden". Aber das erhöht nur noch den Druck. Gib dir stattdessen eine Portion Gnade und nutze diese 15 Minuten, um deine Gedanken schweifen zu lassen. Du wirst sehen, dass deine Session morgen schon ganz anders aussehen wird.

Grund #6: Du hast nicht genug Informationen.

Die Lösung: Recherchiere.

Recherche ist die beste Medizin für einen leeren Kopf.

Oft stecke ich fest, weil ich etwas einfach nicht weiß. Fokussiere dich darauf, festzustellen, warum diese Szene nicht funktioniert und was du wissen musst, um sie besser zu machen.

Recherchiere die Dinge, über die du gerade schreibst – Locations, Berufe, Themen, Fakten. Du wirst sehen, wie dich diese Information mit Ideen überhäufen wird und auch deine Story tiefer und substanzieller macht.

Grund #7: Es ist einfach nicht der richtige Zeitpunkt für diese Szene.

Die Lösung: Überspringe sie.

Du musst nicht chronologisch schreiben.

Du kannst eine Szene einfach mit „später schreiben“ beschriften und weitermachen.

Wirklich.

Wenn diese Szene nicht läuft, nutzt es nichts, mit dem Kopf gegen die Wand zu schlagen. Sie ist vielleicht noch nicht in deiner Vorstellung gereift. Du musst ihr Zeit geben. Du musst ihr Kontext geben, indem du die Szenen drum herum schreibst. Überspringe sie, anstatt dich selbst zu quälen.

Selbst James Patterson schreibt auf seine Szenen TBD (to be done) und lässt sie sogar für mehrere Entwürfe liegen – bis er bereit ist, sie zu schreiben.

Grund #8: Schreiben ist manchmal einfach hart.

Die Lösung: Finde dich mit dem Schmerz ab.

Bei Crossfit gibt es eine Redewendung: “embrace the suck”. Finde dich mit dem Schmerz ab. Nimm ihn an. Heiße ihn willkommen.

Manche Dinge sind einfach verdammt hart. Eine gute Story zu schreiben gehört dazu. Manchmal bist du im Flow und alles passiert wie von alleine. An manchen Tagen ist es einfach nur Schmerz. Aber weißt du was? Das sind die wertvollsten Tage.

Die Tage, an denen du durch den Schmerz und die Blockade weiter schreibst sind die Tage, die dich als Autor am meisten weiter bringen und noch mehr dazu beisteuern, dass du eine Schreibgewohnheit fürs Leben etablierst.

Wenn es einfach wäre, würde es jeder machen.

Und wenn’s nicht so verdammt viel Spaß machen würde, würde es niemand machen. Schreibe also durch den Schmerz hindurch. Du wirst sehen, wie die Dopamine bald schon wieder fließen werden.

Schritt #7

7 verrückte Rezepte, um die Liebe zum Schreiben nie zu verlieren

HAST du auch manchmal das Gefühl, dass das Leben dich auslaugt?

Es geht dauernd um Ergebnisse, die du liefern musst und Aufgaben, die du erledigen musst.

Umfragen zeigen, dass 77 Prozent aller Menschen irgendwann im Leben an Burnout leiden. Warum sind wir so gestresst, dass sogar unser Körper ernsthaft daran erkrankt?

In der heutigen Gesellschaft müssen wir funktionieren. Ins Muster passen. Den vorgeschriebenen Weg gehen. Die Kreativität (die ja so oft aus dem Rahmen fällt) steht ganz hinten an.

Dabei ist Kreativität ein unabdingbarer Teil eines Jeden. Es gibt keinen Menschen auf diesem Planeten, der in seinem Innern nicht kreativ ist.

Ich sehe meine Kinder an – wie sie Welten erfinden, Figuren nachspielen und sich vollkommen frei entfalten – und ich erkenne, dass diese Fähigkeit tief in uns hineingelegt wurde.

Doch es kommt ein Punkt in unserem Leben, an dem wir damit aufhören. Wir müssen liefern. Produzieren. Dinge werden von uns erwartet, scheinbar wichtige Dinge, und wir verlieren uns darin. Wir brauchen ein kreatives Ventil, um dem Burnout zu entgehen.

Die Lösung wäre da doch unsere täglich Schreibgewohnheit, oder?

Nicht ganz.

Die Gefahr ist, dass diese Gewohnheit zu einem Käfig für deine Kreativität wird. Um ein Schriftsteller zu sein, der nachhaltig und lange schreibt, der immer wieder vor Ideen und neuen Möglichkeiten strotzt, musst du unbequeme Dinge tun. Hin und wieder aus deiner Routine ausbrechen und darauf achten, dass du den Sinn für Spiel, Faszination und Freude am Schreiben nicht verlierst.

Ja, schreiben ist Arbeit. Du musst dich jeden einzelnen Tag an diesen Schreibtisch setzen, ob dir danach ist oder nicht. Manchmal musst du einfach tippen, ohne jegliche Inspiration.

Aber das bedeutet nicht, dass sich jeder einzelne Tag wie ein Automatismus anfühlen muss. Es bedeutet nicht, dass du dich in dasselbe alte Hamsterrad begeben musst, aus dem du eigentlich fliehen wolltest.

Das Schöne an der Kreativität ist, dass du sie fördern kannst.

Aber dazu musst du dich aus deiner Komfortzone heraus bewegen. Es erfordert eine ständige ganz bewusste Anstrengung. Die Schritte können drastisch sein. Sie können klein sein. Doch du musst ab und zu deine kreative Routine durchbrechen, um den Enthusiasmus zurückzubringen, den du beim ersten Mal verspürt hast, als du dich an dieses Buch gesetzt hast.

Wenn ich den ersten Entwurf schreibe, verlangt es mir viel ab, aber ich gebe mich nicht damit zufrieden, einfach zu resignieren und durchzupowern. Stattdessen suche ich nach Möglichkeiten, diesen Prozess kreativer und interessanter zu gestalten, zum Beispiel indem ich den Text diktiere anstatt zu tippen. Denn ich weiß, wenn ich meinen Enthusiasmus wieder entdecke, wird meine Arbeit glänzen.

In diesem Kapitel gebe ich dir sieben Möglichkeiten an die Hand, um deine kreative Routine zu verändern und wieder Feuer und Flamme fürs Schreiben zu sein.

Legen wir los.

1. Einfühlungsvermögen

In der Filmschule wollte ein Freund einen Kurzfilm über einen Obdachlosen drehen. Als er das Drehbuch schrieb, stellte er fest, dass er nichts darüber wusste, was es bedeutet, obdachlos zu sein. Natürlich könnte er Nachforschungen anstellen. Doch er entschied sich zu einem extrem mutigen Schritt – er wurde selbst zum Obdachlosen.

Er verbrachte eine Nacht auf der Straße, um zu erfahren, wie es sich anfühlt, obdachlos zu sein. Seinem Bericht nach war es eine der beängstigendsten und lebensveränderndsten Nächte seines Lebens.

Manchmal reicht die Theorie nicht aus. Wir können recherchieren. Wir können alle möglichen Artikel und Bücher lesen und Videos anschauen. Aber nichts ist besser, als diese Dinge selbst zu erleben.

Schriftsteller David Baldacci hat jede einzelne Waffe abgefeuert, die er in seinen Büchern erwähnt. Er hätte über sie nachlesen können. Er hätte sich Videos ansehen können. Aber in seiner Masterclass erklärt er, dass er wissen wollte, wie es sich *anfühlt*, mit dieser Waffe den Schuss abzufeuern. Wenn er also darüber schreibt, beschreibt er nicht nur die oberflächlichen technischen Details, sondern das authentische Gefühl.

Einfühlungsvermögen ist eine mächtige Waffe für Autoren. Wir müssen uns in die Figuren hineinversetzen, sie verstehen und schätzen lernen. Aber damit nicht jede Figur klingt wie eine Variation von dir selbst, musst du Dinge ausprobieren, die du vorher nie versucht hast.

Dafür musst du nicht bis zum Äußersten gehen und dich in Gefahr begeben. Es ist vielleicht keine gute Idee, als Frau die Nacht auf der Straße zu verbringen. Und vielleicht ist es psychisch bedenklich, sich für die Rolle des Jokers wochenlang allein in einem Hotelzimmer einzuschließen und eine leere Wand anzustarren.

Aber du kannst trotzdem Dinge tun, die weder dein Leben noch dein Wohlbefinden gefährden. Du kannst Schusswaffen in einer sicheren Umgebung testen. Du kannst Menschen unterschiedlicher Kulturen und Hintergründe treffen. Du kannst unbequeme Fragen stellen. Du kannst an Kursen teilnehmen. Du kannst reisen. Du kannst Erfahrungen sammeln, denn Erfahrung, nicht Theorie, ist das, was dich als Schriftsteller wachsen lässt.

Und diese Erfahrungen tanken dich kreativ auf, bringen deine Storys auf eine neue Ebene und helfen dir, tiefer zu begreifen, was es heißt, Mensch zu sein. Sie werden dich aus dem grauen Alltag herausreißen und zu einem besseren Autor machen.

2. Übertrage deine kreative Gewohnheit an einen anderen Ort

Wenn du spürst, dass sich eine Schreibblockade abzeichnet, verlagere deine Gewohnheit an einen anderen Ort, der weiter von deinem gewohnten Raum entfernt ist.

Geh zum Beispiel in ein Café oder besuche eine Bibliothek. Verändere die Szenerie auf irgendeine Weise.

Manche Menschen schreiben gerne draußen. Sie gehen in den Wald oder setzen sich in ihren Garten. Wenn du verschiedene Orte für deine Schreibroutine ausprobierst, wirst du sehen, wie dich das antreibt und dir hilft, zu wachsen und die Begeisterung und den Spaß am Schreiben wieder zu entdecken.

3. Reisen

Viele kreative Menschen haben den Wert von Workations erkannt.

Workations sind nichts anderes als Kurzurlaube, bei denen du einfach an einen anderen Ort reist, ein Hotel oder eine Wohnung an einem Ort buchst, der dir gefällt, und schreibst. Du könntest zum Beispiel ein Wochenende oder 3-4 Tage in einem Hotel irgendwo weiter weg buchen und deine ganze Zeit dem Schreiben deines Buches widmen.

Recherche-Reisen sind eine weitere Quelle der Inspiration. Sie bringen dich aus deiner ursprünglichen Routine heraus und zwingen dich, die Schauplätze deines Buchs einzuatmen und sie in einem anderen Licht zu betrachten.

Du konzentrierst dich zwar immer noch auf deine Story, weil du dafür recherchierst, aber es vertieft das Verständnis für das, was du gerade schreibst. Und es liefert dir unzählige Ideen.

Als ich meinen ersten Roman schrieb, stellte ich den ersten Entwurf fertig und machte eine Überarbeitungsrunde, aber ich hatte immer noch das Gefühl, dass etwas fehlte. Also machte ich mich fünf Tage lang auf den Weg, um die Route meiner Hauptfigur im Buch nachzufahren – von den schottischen Highlands bis nach London.

Es war eine unvergessliche Reise, nicht nur weil ich Schottland liebe. Sie hat mein Buch in vielerlei Hinsicht verändert, mir ganz neue Ideen gegeben, mich inspiriert und mich mit noch mehr Leidenschaft angespornt, die Geschichte zu beenden und sie zu veröffentlichen.

4. Ändere kleine Dinge in deinem Umfeld

Wenn du alleine arbeitest, arbeite stattdessen in einem Coworking Space. Wenn du immer von anderen umgeben bist, versuche, allein zu arbeiten.

Verändere den Raum, in dem du arbeitest, indem du einen neuen Schreibtisch kaufst. Füge zwischen den Pausen ein Workout ein oder ändere den Duft der Kerze, die du immer anzündest.

Versuche, kleinere Dinge zu verändern, denn oft reicht das schon aus. Selbst diese kleinen Dinge können dich mit neuer Energie und neuer Leidenschaft für dein Projekt füllen und dich aus der langweiligen Routine herausholen.

5. Betreibe freies Schreiben

In dem Buch *The Artist's Way* schlägt Julia Cameron die Idee der „Morning Pages" vor.

Jeden Morgen setzt du dich hin und schreibst einige Seiten komplett frei. Was auch immer dir in den Sinn kommt.

Viele Kreative haben die Morning Pages als lebensverändernd beschrieben.

Freies Schreiben kann beängstigend sein, besonders am Anfang, weil du einfach nicht weißt, was du schreiben sollst. Aber wenn du weitermachst, eröffnet sich dir eine Fülle von originellen Möglichkeiten.

Zensiere dich nicht selbst. Niemand sieht es. Und wenn du das freie Schreiben eine Zeit lang ausprobierst, wirst du sehen, wie es dir zeigt, wer du bist, wo du feststeckst und wie du kreative Probleme lösen kannst.

6. Produziere anderen Content

Wenn du feststeckst und deine Gewohnheit lästig geworden ist, versuche, eine andere Art von Content zu erschaffen.

Drehe ein Video, fotografiere, starte einen Podcast. Diese dir noch unbekannten Formate zeigen dir neue Dinge übers Schreiben und über dich selbst. Sie werden dir mehr kreative Energie ins Gesicht pusten, damit du zu deinen ursprünglichen Inhalten zurückkehrst und dich noch mehr für sie begeisterst.

Auch hier gilt: hab keine Angst, neue Dinge auszuprobieren. Du wirst sehen, dass diese verschiedenen Arten von Content dir helfen werden, den kreativen Funken neu zu entfachen.

7. Finde deine Leute

Als ich an der Filmhochschule war, haben wir uns abends im Pub in der Nähe des Universitätsgeländes zusammengesetzt und über alle möglichen Filme, Projekte und Ideen gesprochen.

Diese Diskussionen schürten meine Leidenschaft fürs Filmemachen und weckten den kindlichen Sinn für Wunder.

Sprich mit Menschen, die sich für die gleichen Dinge begeistern, wie du – aber vielleicht eine andere Sichtweise haben. Es ist so bereichernd, über Ideen und Projekte zu sprechen und zu sehen, was andere zu deiner kreativen Arbeit zu sagen haben. Sie haben Ideen, die dich inspirieren.

Das ist das Schöne an einer Filmschule (selbst während ich das schreibe, überkommt mich Nostalgie). Jetzt, wo ich alleine arbeite, habe ich diesen Luxus nicht mehr. Und wahrscheinlich hast du ihn auch nicht.

Versuche mindestens ein Mal im Jahr eine Konferenz mit Gleichgesinnten persönlich zu besuchen und Kontakte zu knüpfen.

Und wenn du Menschen in deinem Umfeld hast, die schreiben, dann schließt Freundschaften und trefft euch regelmäßig. Dieser Ideenaustausch wird euch beflügeln und ihr werdet von der Energie der anderen profitieren.

Dies sind meine sieben Hacks, um kreativ zu wachsen.

Achte genau darauf, ob du eine Komfortzone erreicht hast, die deine Kreativität einschränkt. Manchmal kann die Komfortzone nützlich sein, weil du weißt, was du tust und in den Flow kommst. Aber manchmal kann sie auch zu einem Gefängnis werden.

Wie bei allem: finde die Mitte. Verändere regelmäßig die Gewohnheit, um deiner Schreibroutine mehr Pepp zu verleihen.

Schritt #8

Wie du im Alltag ständig motiviert bleibst

Womit fütterst du deine Muse?

JEDER TAG BEINHALTET KLEINE „ZEITINSELN“.

Das sind die Momente, in denen du von Ort zu Ort pendelst, deine Einkäufe erledigst, beim Arzt im Wartezimmer sitzt oder abends auf Instagram scrollst, während du auf den Pizzalieferanten wartest.

Wir übersehen diese Inseln oft, denn sie sind meistens eine Zeit der Überbrückung, eine Überleitung von einer Aufgabe zur nächsten. Und doch sind sie wertvoller, als du denkst. Die Frage ist: Was machst du in dieser Zeit?

Diese kleinen Inseln können darüber entscheiden, ob du dein Buch jemals fertig schreibst und wie gut es wird.

Das Problem ist, dass wir in dieser Zeit meist das Smartphone zücken und eines von zwei Dingen geschieht.

Option 1: Doomscrolling. Du liest Nachrichten und füllst dich mit negativer Information, die Ängste schürt und vollkommen die Lust an der Kreativität raubt.

Option 2: Neidscrolling. Du scrollst von einem tollen Bild zum anderen – perfekte Familien, Traumfiguren, weiße Strände – und fühlst dich fehl am Platz in der eigenen Haut. Beide Optionen füllen dich mit negativen Gedanken. Sie saugen dir die Lebensenergie aus und somit auch die Motivation zum Schreiben.

Aber du kannst diese Zeit auch anders nutzen.

Hier ein Beispiel: Michael Laronn, Autor von 45 Büchern, YouTuber, Podcaster, Speaker, sagt: "30 bis 40 % meines Schreibens erledige ich auf meinem Handy."

Weil er in seinem normalen Job viele Stunden arbeitet, eine junge Familie, einen Welpen und ein Kaninchen hat und obendrein noch Jura studiert (ich weiß, wie hat er 45 Bücher geschrieben?), brauchte Michael einen Weg, um seine tägliche Wortzahl hoch zu halten. Also schrieb er Romane auf seinem Handy, während er auf dem Rücksitz eines Taxis saß, in der Arztpraxis wartete oder im Supermarkt anstand.

> "Und all diese kleinen Schreibsessions, die vielleicht nur zwei oder drei Minuten dauern, summieren sich im Laufe des Tages zu einer wirk-

lich großen Summe. [...] Ich habe tagsüber Zeit zurückgewonnen, die ich normalerweise nicht zum Schreiben gehabt hätte. "

Michael Laronn im Creative Penn Podcast (frei übersetzt)

Laronns Gewohnheit veranschaulicht, dass wir den ganzen Tag über verschwendete Zeitfenster haben, die sich zu Stunden summieren. Stunden, die für einen besseren Zweck genutzt werden können, als uns von der Negativität des Internets beeinflussen zu lassen.

Ich nenne sie meine täglichen „kreativen Inseln".

Sie entstehen, wenn ich zur Arbeit fahre, wenn ich meine Mittagspause mache und einen Kaffee trinke, während ich den Abwasch mache oder das Frühstück vorbereite.

Da ich meist parallel etwas erledige, motiviere ich mich mit Audio-Content: Podcasts, Hörbücher, Musik. Ich höre Podcasts von anderen Autoren und kreativen Unternehmern, Hörbücher übers Romane schreiben oder einfach gute Storys.

Ich habe auch einen Kindle auf meinem Nachttisch (so versuche ich, dem schwarzen Loch von Netflix zu entkommen). Vor ein paar Jahren war ich noch kein Podcast-Fan. Aber nach einer gewissen Eingewöhnungszeit merkte ich, wie praktisch Audioinhalte sind, und wurde bekehrt.

Wenn ich an einem Buch schreibe, dann höre ich auch oft Soundtracks, die mich inspirieren und lasse meine Gedanken schweifen. Ich stelle mir meine Figuren vor, meine Welt, die Story und unterschiedliche Entwicklungsszenarien. Ich versuche, in diese Welt komplett einzutauchen, um sie zu riechen, zu schmecken und zu verstehen.

Wo sind deine kreativen Inseln? Was sind die Dinge, die du täglich tust und die du nutzen könntest, um Bücher und Podcasts zu hören, die dich zu einem besseren Schriftsteller machen und zum Schreiben motivieren?

Das Pendeln ist wahrscheinlich das beste Beispiel. Hausarbeiten und Dinge, die erledigt werden müssen, aber kein Denken erfordern, sind ebenfalls gute Möglichkeiten.

Jede Schlange, jedes Wartezimmer und jeder Stau. Ärgere dich nicht darüber. Zücke nicht das Smartphone, um die letzten Nachrichten zu checken.

Nutze diese Inseln bewusst.

Vergiss nicht, zu träumen

Leider habe ich dieses Prinzip im vergangenen Jahr auf die Spitze getrieben, deshalb hier ein Wort der Warnung:

Tagträume und Langeweile sind wichtige Bestandteile für ein kreatives Leben.

Das sind die Dinge, die wir in einer "Always-on"-Welt vergessen haben. Und obwohl es besser ist, einem Buch zuzuhören, als durch den Instagram-Feed zu scrollen, ist es manchmal am besten, das Handy einfach ganz wegzulegen.

Nimm die Langeweile an. Hör auf, dich ständig mit Dingen vollzustopfen.

Lass deine Gedanken in der Luft tanzen, während du beobachtest, wie die Partikel von den frühen Sonnenstrahlen umschmeichelt werden und den Duft von frisch gebrühtem Kaffee einatmest. Beobachte das konzentrierte Spiel deiner Kinder, während du jede ihrer Eigenheiten inhalierst, jedes Grinsen und jedes Augenrollen und halte dich für den glücklichsten Menschen der Welt. Atme deine Umgebung ein, höre zu, fühle und sei einfach da.

Das ist der Stoff, aus dem gute Storys gemacht sind. Das sind die Momente, die es unserem Unterbewusstsein erlauben, durchzuatmen, zu verarbeiten und neue Ideen zu produzieren, die sich wie der Kuss der Muse anfühlen.

Warum sind die Dichter früherer Zeiten stundenlang spazieren gegangen?

Charles Dickens ging jeden Tag 1,5 Stunden lang spazieren, Tschaikowsky machte einen einstündigen Spaziergang, ebenso wie Beethoven und Victor Hugo. John Milton spazierte zwei Stunden lang in seinem Garten auf und ab, von 18.30 bis 20.40 Uhr. Es gab keine Kopfhörer, keine Musik oder Podcasts, die er beim Spazierengehen hätte hören können. Er tat nichts.

Und das war das Geheimnis. Wie Nietzsche sagte: "Nur die Gedanken, die man beim Gehen gewinnt, haben einen Wert. "

Um produktiv zu sein, versuchen wir, jede Sekunde unserer Zeit mit Inhalten und Wissen zu füllen, aber diese Stimmen zehren uns stattdessen aus. Entferne dich regelmäßig vom Konsum, plane gemütliche Spaziergänge im Park, genieße die Zeit mit geliebten Menschen, anstatt zum Telefon zu greifen und Nachrichten zu checken.

Lass deine Gedanken schweifen und erlaube der Langeweile, sie einzunehmen. Das wird dich nicht nur zu einem glücklicheren und ausgewogeneren Menschen machen, sondern auch zu einem besseren Schriftsteller, denn "um originelle Gedanken zu denken, müssen wir der ständigen Stimulation ein Ende setzen" (Manoush Zomorodi, *Bored and Brilliant*).

> "Wenn unsere Gedanken abschweifen, aktivieren wir den so genannten "Standardmodus", den Ort, an dem wir Probleme lösen und unsere besten Ideen entwickeln, und wir beschäftigen uns mit der so genannten "autobiografischen Planung", mit der wir uns ein Bild von unserer Welt und unserem Leben machen und zukünftige Ziele setzen."
>
> *Manoush Zomorodi, frei übersetzt aus Bored and Brilliant*

Wie oft lässt du deine Gedanken schweifen? Wie oft erlaubst du dir, nichts zu tun und einfach im Moment zu sein?

Das ist eine wichtige Fähigkeit, die wir vergessen haben.

Seit ich angefangen habe, sie bewusst zu praktizieren, habe ich gespürt, dass die Zeit aufgehört hat zu "fliegen". Sie verlangsamt sich, nur für mich, und das verschafft mir so viel mehr Klarheit in meinem Alltag und meinem Schreiben.

Dein Alltag ist voller Möglichkeiten. Ergreife sie bewusst.

Nutze die kreativen Inseln. Wähle sorgfältig aus, was du in diesen kostbaren Minuten konsumieren willst.

Gönne dir Zeit, um völlig von der Bildfläche zu verschwinden und einfach das Leben einzuatmen.

22 starke Hacks, um endlich dein Buch fertig zu schreiben

Ein Buffet von Ideen

Jetzt bist du ein 15 Minuten Autor.

Selbst wenn das Leben um dich herum tobt, der Stress die Überhand gewinnt und sich alles verändert – 15 Minuten findest du immer.

Und du kannst schon heute mit deiner Gewohnheit starten.

Aber machen wir uns nichts vor: das Leben steckt voller Überraschungen.

Als ich mein erstes Kind bekam, traf mich diese Veränderung wie ein Schlag. Ich musste kämpfen, um trotzdem täglich weiter zu schreiben.

Ich habe es nicht immer geschafft.

Alles kann passieren. Krankheiten. Pandemien. Kriege... Das Ziel ist es, dass die 15-Minuten-Schreibgewohnheit eine Konstante in deinem Leben bleibt.

Für deine Leser. Und für dich.

Kein Tag darf verloren gehen, denn du bekommst ihn nicht mehr zurück. Und wenn du es doch mal nicht schaffst, musst du schnell wieder in die Gewohnheit zurück finden können.

Dafür habe ich ein kostenloses E-Book für dich „Werde zur Schreibmaschine" – mit 22 starken Hacks, um dein Buch fertig zu schreiben:

starkeschreiber.de/schreibmaschine

Betrachte sie als ein Buffet, aus dem du dich bedienen kannst, wenn die Muse hungrig wird.

Oder wie 22 geheime Schachzüge gegen den inneren und äußeren Widerstand.

Einige davon kennst du bereits aus diesem Buch, die meisten sind völlig neu und überraschend effektiv.

Wenn du meinen Newsletter abonnierst, bekommst du dieses E-Book umsonst – das gibt's auch nirgendwo zu kaufen.

Keine Sorge, der Newsletter gehört zu den besten zum Thema Storytelling und Romane schreiben und du kannst dich jederzeit wieder austragen.

Plus: erinnerst du dich an die externen Auslöser, die motivieren können? So etwas bekommst du dann wöchentlich in dein E-

Mail Postfach mit starkem Content und unendlich Motivation, deinen Roman zu schreiben.

Kein schlechter Deal.

Zum Schluss noch eines: fang *heute* an.

Nicht morgen.

Nicht übermorgen.

Heute.

Du hast 15 Minuten.

Wer bin ich?

Ich bin Diana.

Romanschriftstellerin im englisch-sprachigen Markt. Autorin von Science-Fiction und dunklen dystopischen Romanen.

Ich glaube, wir können in Deutschland eine starke Community von selbstbestimmten Autoren aufbauen, die exzellente Bücher schreiben und vom Schreiben leben – die den Wert ihres geistigen Eigentums kennen, ihren eigenen Weg finden und finanziell abgesichert sind.

Ich glaube, wir können uns als Autoren gegenseitig unterstützen und stärken – denn das ist das Beste am Schreiben: Schriftsteller sind Leser, und für jedes Buch, das wir Schreiben, lesen wir mindestens drei mehr. Der Markt ist also selbstwirksam und es gibt immer Platz für mehr!

Ich glaube, dass du die Geschichten in deinem Inneren aufs Papier bringen kannst und sogar solltest – das bist du der Welt schuldig. Sie braucht deine Geschichten. Sie braucht dich als Schriftsteller.

Ich glaube, wir können die Welt ein bisschen besser machen – indem wir zu starken Schreibern werden.

Willst du bei der Revolution dabei sein?

Dann willkommen bei *Starke Schreiber*!

Quellenverzeichnis

Die 1%-Methode – Minimale Veränderung, maximale Wirkung: Mit kleinen Gewohnheiten jedes Ziel erreichen - Mit Micro Habits zum Erfolg – James Clear

Bored and Brilliant: How Spacing Out Can Unlock Your Most Productive & Creative Self – Manoush Zomorodi

Konzentriert arbeiten: Regeln für eine Welt voller Ablenkungen – Cal Newport

Indistractable: How to Control Your Attention and Choose Your Life – Nir Eyal

Das Leben und das Schreiben: Memoiren – Stephen King

So Good They Can't Ignore You: Why Skills Trump Passion in the Quest for Work You Love – Cal Newport

The Artist's Way: A Spiritual Path to Higher Creativity – Julia Cameron

The Creative Habit: Learn It and Use It for Life – Twyla Tharp

Die Macht der Gewohnheit: Warum wir tun, was wir tun – Charles Duhigg

The World Economic Forum report on The Future of Jobs and Skills: https://reports.weforum.org/future-of-jobs-2016/chapter-1-the-future-of-jobs-and-skills/

The Creative Penn Podcast episode on *Mental Models For Writers And The Empowered Indie Author:* https://www.thecreativepenn.com/2020/10/12/empowered-indie-author/

Story Artist Podcast / Jetzt Starke Schreiber Podcast: https://podcasts.apple.com/us/podcast/story-artist-podcast/id1378592147

Routinen bekannter Autoren:
https://jamesclear.com/daily-routines-writers
https://medium.com/the-mission/the-daily-routine-of-20-famous-writers-and-how-you-can-use-them-to-succeed-1603f52fbb77

Gesundes Licht: https://www.archdaily.com/917345/what-is-healthy-lighting

Study "The Cost of Interrupted Work: More Speed and Stress": https://www.ics.uci.edu/~gmark/chi08-mark.pdf

Printed in Germany
by Amazon Distribution
GmbH, Leipzig

27711878R00061